Der Autor:

In Thüringen geboren, Flucht kurz vor der Berliner Mauer in die Bundesrepublik Deutschland. Schulausbildung in Wuppertal und Stuttgart, Studium der Medizin in Köln und Frankfurt. Fünf Jahre Tätigkeit als niedergelassener Allgemeinmediziner in Paris, danach Rückkehr nach Deutschland und Ausbildung in Psychotherapie. Bis heute tätig als Allgemeinarzt.

Herstellung und Verlag:
Books on demand GmbH, Norderstedt
ISBN 9783732280384

Vorwort zu dieser Buchreihe

Dieses Buch ist in der Reihe „Wahrheit als Provokation" erschienen.
Hier geht es nicht darum, die Provokation als Vandalismus oder als Marketingstrategie einzusetzen. Sie ist in diesem Falle eine unvermeidbare Nebenwirkung bei der Konfrontation mit unbequemen Wahrheiten.
Es ist manchmal unumgänglich, bei einigen Themen bestimmte Zusammenhänge darzustellen, die in anderen Büchern bereits abgehandelt wurden. Bitte nehmen Sie nicht alles zu ernst. Wenn ich z.B. schreibe, dass man Politiker nicht aufhängen sollte, ist das nur ein Tribut an die Gesetze. Auch die optimistischen Anwandlungen am Ende des Buches sind eher theoretischer Natur.
Über Anregungen und eine konstruktive Kritik bin ich jederzeit dankbar.

Dr. Sven Larat
E-Mail: dr.sven.larat@googlemail.com
Website: www.larat.de

Wahrheit ist allenfalls das Ergebnis von permanentem kritischem und logischem Hinterfragen und Prüfen von allen uns vorgesetzten Meinungen und „Tatsachen" auf Authentizität, Beweisbarkeit und Plausibilität. Sie hat nichts zu tun mit Tradition, Glauben oder einer autoritären Informationsquelle, auch wenn sie „vertrauenswürdig" erscheint (Troja-Phänomen).

Inhaltsverzeichnis:

Ursprünge 8

Die Entwicklung zum heutigen System 12

Aktiv und passiv Wahlberechtigte 14

Informationsmöglichkeiten des Volkes 18

Geheime Inhalte der Regierungen 20

Institutionalisierte Verletzung des Datenschutzes 23

Privilegierte Parteien und Politiker 27

Europa wird durch teure Bürokraten boykottiert 33

Die Degeneration der Demokratie 36

Der Trend ist: Schlechte Politik – Schlechte Politiker 39

„Service" des Staates geht gegen Null 64

Das demokratische System schützt keine Minderheiten 69

Soldaten, Gegner, Kriege 79

Voraussetzungen für erfolgreiche Politiker 86

Der Wahlkampf und die Wahl 91

Ursachen für die Misere 96

Positive Aspekte 99

Wie kann man die Politik verbessern?
.... 102

    Verbesserungsmöglichkeiten am
    Bürger 102

    Verbesserungsmöglichkeiten am
    Politiker 103

Aussichten 125

Dr. Sven Larat

Politik

Ist Demokratie möglich?

Ursprünge

Als die Menschen sich noch in kleinen Gruppen, bzw. **Horden** in der Wildnis herumtrieben, galten noch die Gesetze der Natur, wie heute noch bei den Affen und in Wolfsrudeln. Vorläufer der Politiker war ein **Alpha-Mann.** Er schützte und beherrschte den Rest der Gruppe. Er hatte Privilegien bei der Futterverteilung und bei den Damen. Für ihn gab es damals schon Bunga Bunga, sogar ohne Bezahlung.

Mit den größer werdenden Mitgliederzahlen von Menschengemeinschaften wurde auch der Evolutionsdruck größer, dass höher organisierte soziale Systeme entstanden. Nur diese machten es möglich, „innen- und außenpolitisch" aktionsfähig zu werden und ein Chaos, Mord und Totschlag, bzw. die Herrschaft des Stärkeren mindestens zeitweise zu verhindern. Seit den alten Griechen ist der Begriff Demokratie Ausdruck für die **Herrschaft des Volkes,** die Herrschaft Aller über Alle. Bei Diktatoren, aber auch bei manchen lupenreinen Demokraten wie

Wladimir Putin, weckt das System der Demokratie allerdings kaum Begeisterungsstürme. Das Volk ist zwar notwendig, um von ihm zu profitieren, aber oft unbequem beim Regieren – es ist ein notwendiges Übel.

Früher wurden in Staaten mit bescheidenen Einwohnerzahlen im demokratischen Prozess noch ausschließlich in persönlicher Weise Meinungen geäußert und diskutiert. Persönlich konnte für oder gegen einen Vorschlag oder Kompromiss abgestimmt werden. Die **„Politiker"** waren besonders interessierte oder begabte, sehr bekannte, aber im Prinzip **gleichgestellte Menschen des Volkes**. Sie waren von allen Entscheidungen **selbst betroffen**. Sie bekamen für ihre Tätigkeit auch kein fürstliches Gehalt. Ihre „Belohnung" war vor allem die **Zuneigung und Achtung**, die sie sich beim Volk für gute „Politik" erwarben. Fielen sie durch Unfähigkeit oder kriminelle Machenschaften auf, galt ihr Wort nichts mehr oder sie wurden umgebracht. Diese letztere, sehr effektive Methode, hat den Vorteil, dass sie die Motivation verstärkt, keine Fehler zu machen. Der entscheidende Nachteil ist aber, dass es nicht immer die schlechten Politiker traf, bzw. trifft.

Fördernde Qualitäten, ein erfolgreicher Politiker zu werden, waren im Gegensatz zu heute vor allem **fachliche Kompetenz und Redekunst**. Die Farbe des Parteibuchs, die Phantasie für boshafte Intrigen, das Mäntelchen im Wind, die Fähigkeit, sich mit Bauernopfern retten zu können, die Begabung, Schaum zu schlagen, viel Wind um nichts zu machen oder viel heiße Luft zu produzieren, die Krümmung des Rückgrats, die Beziehungen zu Industrie, Kirche und Mafia sowie die Menge des geleckten Speichels hatten für die Karriere eine untergeordnete bis keine Bedeutung.

Aber auch das „Volk" war anders als in der heutigen Zeit. Die Bürger waren meist an der sie betreffenden Umgebung interessiert und über die Basis und die aktuellen Probleme der Politik informiert. Sie fühlten eine gewisse Verantwortung, sie waren noch nicht weitgehend von aktiver Politik entwöhnt und entmündigt. Die **Frustration und Politikverdrossen- heit**, wie sie bei großen Teilen der heutigen Bevölkerung anzutreffen ist, gab es in diesen lebendigen Demokratien sicher noch nicht. Es waren mächtige **Alpha-Männchen** permanent in der Versuchung, mit Verschwörungen und Intrigen die Macht an sich zu reißen. Diese Tendenz ist offensichtlich ein sehr starkes, natürliches Phänomen und es bedarf eines stabilen politischen Systems, um dieser Gefahr zu widerstehen. Es gab damals noch keine Möglichkeit, die mit mentalem Glutamat gewürzte virtuelle Suppe der Unterhaltungsindustrie lebenslang vor sich hin zu löffeln und nahezu vollständig den Bezug zur politischen Realität zu verlieren.

Wie heute brauchte das Volk natürlich neben **Brot** auch **Spiele**, aber das waren nicht etwa Computerspiele, Sport, eine Sensations- und Klatsch-Presse, Konzerte, Oper, Theater, Fernsehen mit Fußball, Reality-Shows oder Phantasie-Produkten für Minderbemittelte. Es waren meist harte Wettkämpfe, bei denen neben Schweiß nicht unerhebliche Mengen an Blut flossen. Gladiatoren-Kämpfe zum Beispiel waren sehr beliebt. Sie waren ein Modell der Evolution nach Darwin, nach deren Gesetzen nur der Stärkere überlebt.

Die Entwicklung zum heutigen System

Heute ist organisatorisch in den „demokratischen" Staaten wegen den deutlich höheren Einwohnerzahlen eine **Wahl von Personen, Parteien oder Wahlmännern** die gängige Organisation der Demokratie geworden. Herausragende Persönlichkeiten des Volkes und emotionale Diskussionen der Bürger sind inzwischen keine zentralen Instrumente dieser Herrschaftsform mehr. Auf Entscheidungen haben die Bürger nur ausnahmsweise (**Volksentscheid**) einen direkten Einfluss. Doch selbst hier boykottieren Politiker häufig das Zustandekommen und das Anliegen des Volksentscheids mit allen, auch unfairen, Mitteln. Ansonsten kann das Volk eigentlich nur hoffen, dass seine Interessen und Wünsche gebührend berücksichtigt werden. Das läuft nach folgendem System ab:

Einmal in meist vier Jahren wird gewählt, dabei für die meisten Wähler wahrscheinlich nur **die am wenigsten**

unsympathische Partei. Bei einem zwei-Parteien-System muss man großes Glück haben, dass man wenigstens eine Partei für einigermaßen wählenswert erachtet. Bei kleinen Parteien ist oft unsicher, ob sie die **5%-Hürde** überwinden und sich somit zumindest theoretisch an der Regierung beteiligen könnten. Bei keiner Partei besteht zudem die Gewähr, dass sie, einmal an der Macht, auch ihre Wahlversprechen einhält.

Aktiv und passiv Wahlberechtigte

Wer hat eigentlich das Recht, Demokratie auszuüben? Wer ist das „Volk"?

Sind es die Angehörigen einer bestimmten Nationalität auf einem bestimmten Gebiet? Die Angehörigen **einer bestimmten Nationalität** über die ganze Welt verteilt? Die Bewohner, auch mehrerer **Nationalitäten, die auf einem Gebiet zusammen leben?** Sind diese Fragen von Belang? Betrachten wir ein Beispiel: Migranten könnten als außerhalb ihres Herkunftslandes Lebende dort ihre demokratischen Rechte verlieren und als Einwanderer diese Rechte in der neuen „Heimat" zumindest für viele Jahre nicht bekommen. Sie könnten im Gegensatz dazu als Staatsangehörige im Ausland in ihrem Land (z. B. per Briefwahl) wählen und als Bewohner des Aufenthaltslandes dort auch zur Wahl gehen. **Theoretisch ist es möglich, dass Einwanderer oder ehemalige Sklaven in einem Land die Mehrheit bilden.** Dann könnten sie über entsprechende Regierungen und Gesetze eine Politik favorisieren, die Einheimische benachteiligt. So geschehen in den USA, wo die einheimische Bevölkerung seit Jahrhunderten verfolgt wird, bestohlen wird, in Reservaten eingesperrt wird und von ungebetenen Missionaren behelligt wird. Auch in Australien wurde die vorhandene Bevölkerung in übelster Weise behandelt. Noch bis ins 20. Jahrhundert wurden diese Ureinwohner wie Tiere betrachtet und entsprechend gejagt und umgebracht. Viele Amerikaner, deren Urväter fast alle Indianer ausgerottet haben, fühlen sich jetzt ihrerseits von ihren ehemaligen afrikanischen Sklaven, von Latinos und Chinesen bedroht.

Gedanken über solche Themen haben auch Thilo Sarrazin beunruhigt und sind auch Dünger für rechtsradikale Strömungen.

Sind zur Demokratiefähigkeit außer der Nationalität und dem Wohnsitz noch andere Kriterien wichtig? Noch bis in die Mitte des letzten Jahrhunderts durften **Frauen** in der Schweiz nicht wählen, bis 1918 auch nicht in Deutschland. War das ein Ausdruck von natürlicher Genialität der Eidgenossen oder ein überholtes Relikt einer emanzipationsfeindlichen Macho–

Kultur? Das Wahlrecht der Frau wurde inzwischen überall in Europa eingeführt.

Spielt das Alter eine Rolle? Das **aktive Wahlalter** wurde zwar nach dem zweiten Weltkrieg in Deutschland von 20 auf 21 Jahren erhöht, dann aber 1970 dem Alter der Militärpflicht („Wehrpflicht") von 21 auf 18 Jahren angeglichen. Das **passive Wahlrecht** (das Recht gewählt zu werden) ist immer noch nicht in akzeptabler Weise geändert worden. Eine Beschränkung des passiven Wahlalters ist in jedem Fall unsinnig. Sie könnte Ausdruck eines tiefen **Misstrauens der Gesetzgeber dem jungen Volk gegenüber sein oder aber ein Mittel, junge Politiker abzublocken**. Ein „erfahrener" Mensch hat natürlich von vornherein deutlich größere Chancen, gewählt zu werden als ein sehr junger. Man kennt ihn besser und man traut ihm meist zu Recht mehr Sachkenntnis und Besonnenheit zu. Dabei ist es leider oft so, dass eingefahrene Machtpositionen und ein etabliertes Ansehen Politiker in Führungspositionen stabilisieren, obwohl sie ihre Fähigkeiten schon zum großen Teil verloren haben oder nie hatten.

Die Annahme, dass ein 39-Jähriger als Bundespräsident, der belanglose Aufgaben hat und nur ein **nutzloser Monarch-Ersatz** ist, ungeeignet ist (passives Wahlalter mindestens 40 Jahre) während ein 18-Jähriger von seinem Alter her für das Amt des Bundeskanzlers geeignet ist (passives Wahlalter mindestens 18 Jahre), zeigt deutlich das geistige Niveau dieser sinnfreien Gesetzgebung. Mit genauso viel Scharfsinn könnte man Gesetze erlassen, dass man erst ab 42 Jahren einen Bus steuern darf.

Informationsmöglichkeiten des Volkes

Wer verantwortungsvoll auf die Politik Einfluss nehmen will, muss die Zusammenhänge verstehen. Dazu braucht er **präzise Informationen**. Während früher die Informationsmöglichkeiten beschränkt, aber wohl authentischer waren, versinkt der heutige Beobachter in einem Sumpf von **Massenmedien-Produkten**, von verzerrten, vernebelten, verdrehten und verschwiegenen Tatsachen. Er braucht schon fast wissenschaftliche Kenntnisse und sicher sehr viel Zeit, will er sich zuverlässige Informationen herausfiltern. Manchmal gelingt das auch mit dem größten Aufwand nicht. Die Berichterstattung über ein Ereignis ist oft je nach **Tendenz der Journalisten und der Zensur offizieller Stellen** so verschieden, dass man den Eindruck hat, sie berichten nicht über dieselbe Sache. Die Wertung, aber auch die Beschreibung realer Ereignisse und die Angaben z. B. über die Zahl der Beteiligten sind oft so extrem unterschiedlich, bzw. manipuliert,

dass man sich oft fragt, ob die Reporter
überhaupt anwesend waren.

Geheime Inhalte der Regierungen

Die **Geheimhaltung der Regierungen**, wenn es ihnen opportun erscheint, betrifft oft wichtige Tatsachen und Zusammenhänge. Das sind meist (noch) nicht bekannte Details einer insgesamt schlechten Politik und die persönlichen Schwächen, kriminellen Machenschaften und Vorteilsnahmen ihrer Akteure. Typisch für Objekte solcher Geheimniskrämerei sind **skandalöse Kriegshandlungen, Missachtung des Datenschutzes, Folter, der Export von Waffen und Computerausrüstungen in Krisengebiete oder Länder, in denen die Menschenrechte mit Füßen getreten werden**. Man muss in solchen Fällen damit rechnen, dass die gelieferten Güter gegen die dort lebende Bevölkerung oder gegen Nachbarstaaten eingesetzt werden, dass Menschen umkommen, überwacht und bespitzelt werden, dass Internetverbindungen und internationale Portale ausspioniert und unterbrochen werden.

Die Scham, dass man den eigenen finanziellen und machtpolitischen Vorteil über das Leben und das Wohlergehen anderer Menschen stellt, die Angst vor Kritik von Menschenrechtsorganisationen, von verbündeten Staaten und nicht zuletzt von der Opposition sind meist die Ursachen für diese ärgerliche **Geheimniskrämerei**. Aber auch geschichtliche Wahrheiten über Kirchenfürsten und Politiker werden häufig Jahrzehnte lang verheimlicht. **Julian Assange** deckte mit **Wiki-Leaks** viele schwerwiegende Missstände auf und wurde, oh Wunder, auf Initiative der bloßgestellten Mächtigen der Welt mit fadenscheinigen Vorwürfen konfrontiert, bedroht und eingesperrt.

Bradley Manning brachte einige unangenehme Wahrheiten über die Praktiken amerikanischer Militärs an die Öffentlichkeit. Er hatte Videos von Militärs weitergegeben, die auf Zivilisten schossen und sich über die sterbenden Menschen auch noch lustig machten. Dafür wurde er nicht etwa mit einem Preis für **Zivilcourage** oder **Aufdeckung von Straftaten** ausgezeichnet, sondern wegen Spionage und Diebstahl zu 35 Jahren

Gefängnis verurteilt. Eine offensichtlich effektive **Gehirnwäsche** führte dazu, dass er sich für sein eigentlich vorbildliches Verhalten auch noch entschuldigte. Im Gegensatz zu Manning wurde keiner der durch das Video überführten Mörder bestraft.

Die Moral von der Geschichte: **Nicht der Verbrecher wird bestraft, wenn er zu einem mächtigen System wie den USA gehört, sondern derjenige, der das Verbrechen aufdeckt**. Man muss sich fragen, wozu solche Aktionen wie die von Assange und Manning nutzen, wenn die einzige Konsequenz ihre eigene Verfolgung ist. An den aufgedeckten Missständen ändert sich meist gar nichts. Bald wird wohl der Polizist ins Gefängnis müssen, der das Pech hat, einen einflussreichen Mörder zu überführen. Obama, der Faschist mit Friedens-nobelpreis, verstößt z. Z. gegen jegliches Rechtsempfinden. „Yes, we see!“ Barak Obama hat Glück, dass ein Friedensnobelpreis nicht wie eine unverdiente Doktorarbeit aberkannt werden kann.

Institutionalisierte Verletzung des Datenschutzes

So gern Politiker dem Volk Dinge verheimlichen, so perfekt sind sie, bzw. ihre Handlanger darin, die **Daten und „Geheimnisse" der Bürger, der Industrie des eigenen Landes und anderer Länder ohne jeden Skrupel bis ins Detail zu durchleuchten**. Was früher Spione taten, wird heute größtenteils von Informatikern bewerkstelligt. Je nach Qualität und Glück der Geheimdienste werden solche Praktiken auch in der Öffentlichkeit bekannt. Ob Chinesen, Inder, Amerikaner, Israelis oder Europäer, jeder spioniert jeden aus. Wenn ein aufrechter Bürger wie **Edward Snowden** die Weltöffentlichkeit über solche zweifelhaften bis kriminellen Methoden unterrichtet, fallen unsere Politiker scheinbar aus allen Wolken. Jeder regt sich auf und weiß in seinem Inneren nicht einmal warum. Keiner von ihnen gibt zu, dass er über einen solchen immensen **Datenmissbrauch** längst Bescheid wusste und dass der deutsche Geheimdienst selbst skrupellos in großem Umfang Daten abschöpft und auswertet oder weitergibt. Man ist pro forma fürs Volk entrüstet und fordert halbherzig Aufklärung und Abhilfe. Innenminister Friedrich fliegt nach Washington und kommt mit weniger Aufklärung zurück als er vorher hatte. Bundeskanzlerin **Teflon-Merkel** tritt einen weiteren Beweis an, dass so ziemlich alles von ihr abgleitet, was einen selbstkritischen Menschen ins Straucheln bringen könnte. Sie hält eine Rede, von der **Cem Özdemir** sagt, dass man nach einer Stunde immer noch **nicht weiß, was sie eigentlich gesagt hat**. Und das ist nicht eine seiner gehässigen Bemerkungen. Wie viele ihrer Kollegen beherrscht Merkel erstaunlich gut die Fähigkeit zu **sprechen, ohne etwas zu sagen**. **Ronald Pofalla**, der als Kanzleramtsminister die Geheimdienste koordinieren soll, hat angeblich keinen blassen Dunst, aber verspricht wiederholt lückenlose Aufklärung. **Guido Westerwelle** hebt seinen Zeigefinger und schmollt. Man fragt sich ernsthaft, **sind die Politiker wirklich so ahnungslos** wie sie tun? Dann wären sie für den Job, für den sie gut bezahlt werden, allerdings völlig ungeeignet – oder **halten sie uns für so dumm**, dass sie annehmen, wir würden ihnen diese Ahnungslosigkeit abnehmen? Das würde sie eigentlich auch für ihr Amt disqualifizieren. Man sollte als Politiker ein Mindestmaß an Respekt vor dem Volk haben, für das man arbeitet. Einen **sinnlosen Aktionismus wie in diesem Fall** als Feigenblatt-Politik ist jedenfalls eher ärgerlich als konstruktiv.

Der Tenor der Verantwortlichen ist einhellig: **Es war und ist alles in bester Ordnung, aber wir geloben hoch und heilig Besserung**. Wir werden mit unseren Verbündeten und den USA Verträge schließen, damit es nicht mehr vorkommt. Was soll eigentlich nicht mehr vorkommt? Dass alles in bester Ordnung ist? Dass alle Zweifel an unrechtmäßigen Abhöraktionen ausgeräumt sind? Wenn man schon belogen wird, kann man da nicht wenigstens ein Minimum an Logik und Plausibilität in den Lügen erwarten? Egal, ob das Verhalten der Geheimdienste legal oder illegal oder beides war, warum ist eigentlich derjenige, der darüber informiert, ein Verbrecher, der international gesucht wird und wegen dem man das Flugzeug von einem Staatsoberhaupt Südamerikas zur Landung zwingt und durchsucht?

Früher hätte jeder Mensch mit moralischen Ansprüchen geurteilt: Das ist scheinheilig, skandalös, ungerecht. Weil jedoch der **Ankläger Snowdens der mächtige Gutmensch Barak Obama aus dem kapitalistischen Lager** ist und dazu einer unserer besten Freunde, ändern sich die moralischen Maßstäbe aus opportunistischen Gründen ins Gegenteil. Hätte Snowden allerdings identische Machenschaften eines **„Schurken-Staates" oder Chinas oder Kubas** aufgedeckt, hätte er nicht nur von den meisten Staaten Asyl bekommen sondern auch Geld und einen Orden. Es wird ganz offensichtlich mit **zweierlei Maß** gemessen.

Snowden hätte allerdings wahrscheinlich nicht einmal Asyl gebraucht, weil es außer den USA nur wenige Staaten gibt, die bei sich und im Ausland rücksichtslos ihre auch illegalen Ziele verfolgen: **die bedrohen, entführen, erpressen, foltern und töten**, und das sogar noch vermehrt seit **Obama** an der Macht ist und immer mehr Drohungen und Drohnen entsendet.

Privilegierte Parteien und Politiker

Die **Politikergehälter und -pensionen** steigen überproportional und ständig. Es gibt steuerfreie Diäten, übertriebene Parteienfinanzierung, teilweise als verdeckte Bestechung. Jeder Dritte Bundestagsabgeordnete verdient zu seinem Gehalt von 100.000 Euro jährlich noch einmal 120.000 Euro durchschnittlich als **„Nebeneinnahmen"** hinzu. Das Problem der **schwarzen Kassen, „inoffizielle" Geldspenden, für die keine Abgaben bezahlt werden, eine Art Steuerhinterziehung** und individuellen „Zuwendungen", ist ein permanentes Ärgernis. **Altkanzler Helmut Kohl** war in diesem Zusammenhang verschwiegener als Schweizer Banken. Der Grund für sein Schweigen: „Ich habe mein Wort gegeben". Die **Gesetze Deutschlands waren für ihn offenbar weniger wichtig als sein Wort gegenüber Gesetzesbrechern in einer illegalen Aktion.** Als Politiker und Ex-Kanzler konnte er natürlich auf große Nachsicht bei seinen Richtern zählen. Ein normaler Sterblicher würde wahrscheinlich heute noch in Beugehaft sitzen, wenn er die Namen der großzügigen Spender nicht genannt hätte. Alle Menschen sind bekanntermaßen gleich, aber Politiker sind eben noch gleicher.

Selbst **Gefängnisstrafen** sind für Politiker eher nicht vorgesehen. Wenn Immunität, zum eigenen Schutz erlassene Gesetze, die Bestechung von Richtern oder die Verjährung der Straftaten nicht mehr helfen und ein Urteil gefällt wird, werden für ältere Semester ein paar Jährchen abgezogen. **Silvio Berlusconi**, auf den das zutrifft, darf überhaupt nicht mehr ins Gefängnis. Der Arme muss im eigenen Palast verweilen, sich das eigene Essen bezahlen und hat nicht mal während seiner Strafe seine Ruhe vor Bunga Bunga. Es würde mich wundern, wenn ihm seine Europa-Kollegen in Straßburg oder Brüssel nicht eine angemessene **finanzielle Entschädigung wegen Diskriminierung aufgrund seines Alters** zusprechen würden. Armer alter Berlusconi, der Du als milliardenschwerer Medienmogul Deine politische Macht vor allem mittels schlauer Tricks etabliert und zementiert hattest. Der Du oft durch ein wenig **Bestechung**, auch mal durch **Stimmenkauf**, durch **illegale Einflussnahme** auf Ermittlungsverfahren, wegen **Steuerhinterziehung** und **sexuellen Eskapaden mit Minderjährigen** von Dir reden machtest und der Du in Deiner **Inkompetenz und Gleichgültigkeit** eine gute Politik schlicht und einfach nicht verwirklichen konntest. Wie gehen diese Banausen mit Dir um! Man könnte meinen, sie wähnen Dich in einer Zeit spätrömischer Dekadenz und beneiden Dich um Deine Möglichkeiten, sie maximal zu genießen.

Wenn die Schuld mal sehr groß und ganz offensichtlich ist, dann **drückt Justizia schon mal nur ein Auge zu** statt beide. Für Herrn Wiesheu etwa gab es eine „Lex Wiesheu". Der CSU-Minister fuhr betrunken den Kleinwagen eines Rentnerehepaares auf der Autobahn über den Haufen, wobei der Mann getötet wurde. Das Gericht verhängte eine Geldstrafe und eine Gefängnisstrafe auf Bewährung. Das Urteil war vielleicht gerecht, aber wahrscheinlich eines der mildesten für eine entsprechende Straftat, das jemals in Deutschland gefällt wurde. Ein weiterer Politiker, der gleicher ist als die anderen. Frau Käßmann, die „nur“ betrunken Auto fuhr ohne jemanden zu verletzen oder gar umzubringen, konnte sich **keine „Lex Käßmann“** schaffen. Der Draht zum Himmel ist keine Gewähr für Gnade vor dem irdischen Richter. Sie ereilte die „normale“ Härte des Gesetzes wie andere „normale“ Sterbliche auch.

Private Nutzung von Staatseigentum, „Ausstattung“ mit natürlich beruflich ganz notwendigen Tablets oder Laptops vor Weihnachten, Reisen in Sondermaschinen zu zweifelhaften Anlässen sind ebenfalls Gründe zum Ärgern. **Karl-Theodor zu Guttenberg** ließ sich noch Monate nach seinem unehrenhaften Abschied aus der Politik mit einer **Limousine, bewacht von Leibwächtern, in ein Konzert und danach mit Blaulicht wieder aus dem Gewühl der „normalen“ Menschen nach Hause** fahren, alles auf Kosten des Steuerzahlers. Ist das nicht Missbrauch von Staatseigentum? Ist das nicht missbräuchlicher Einsatz von Sondersignalen? Ist das nicht eine penetrante Missachtung seiner offensichtlich als bedeutungslos empfundenen Mitbürger? Ich finde das weitaus **abstoßender als den Betrug bei seiner Doktorarbeit**.

Ex-Bundeskanzler Gerhard Schröder profitierte nach seiner politischen Karriere von Beziehungen aus seiner aktiven Zeit. Als er beim Abbau der Arbeitslosigkeit gescheitert war und die vorgezogene Wahl verloren hatte, ging er in die Industrie, wo er für weniger Einsatz deutlich mehr Geld verdient. **Kamerad Wladimir Putin hat dabei seinen Freund Gerhard großzügig gefördert. Bei Gazprom rollt der Rubel** ganz anders als im Kanzleramt. Da ist Steinbrück sicher neidisch, da er „nur" Bundeskanzler werden will und Bundeskanzler seiner Meinung nach zu wenig verdienen. Aber vielleicht würden seine „Redner-Honorare" als Bundeskanzler in noch unanständigere Höhen klettern als schon jetzt. Nachdem seine Bemerkung über Politikergehälter eine sehr negative Resonanz hatte, will sich Steinbrück nie mehr über dieses Thema auslassen. Das hat er beim Streitgespräch mit der Kanzlerin bekräftigt. Er hat dazu gelernt.

Über unseren Ex-Präsidenten, Herrn **Christian Wulf** und seine lebenslange Rente möchte ich hier gar nicht sprechen. Meine Computer-Tastatur verträgt kein Erbrochenes.

Sollten nicht **Politiker** beim Besuch von Bällen, Sportveranstaltungen, kulturellen und religiösen Veranstaltungen selbst für ihren **Transport und ihren Eintritt** bezahlen? Gibt es vernünftige Gründe, dass der Steuerzahler diesen privilegierten Leuten mit seinem sauer ersparten Geld weitere Privilegien spendiert, bzw. die Zinsen für neue Kredite bezahlt? **Angestellte im öffentlichen Dienst**, wie bei der Müllabfuhr, dürfen oft nur kleine Geschenke und überhaupt **kein Geld** als Anerkennung annehmen. Das gilt bei ihnen als Korruption, Bestechung und Vorteilsnahme. Wird da nicht offensichtlich mit **zweierlei Maß** gemessen? Wenn ein Supermarkt-Angestellter aus seinem Geschäft abgelaufene Lebensmittel mit nach Hause nimmt, kann er seinen Job verlieren. **Europaabgeordnete** können ihre **Spesen für den Tag** morgens mit dem Koffer in der Hand abholen und reisen sofort danach ins Wochenende oder in die Ferien ab, ohne Konsequenzen wegen **Betrugs** sowie eine fristlose und **unehrenhafte Entlassung** fürchten zu müssen. Ist das Gleichheit? Ist das normal in einer Demokratie?

Europa wird durch teure Bürokraten boykottiert

Die **Europabewegung**, die sich seit dem 2. Weltkrieg sehr fruchtbar entwickelt hat, wird von einem Verwaltungs-Wasserkopf, Entschuldigung, Parlament in Straßburg und Brüssel hintertrieben. Eine immense **Geldvernichtungsmaschine**, die Staaten zu unsinnigen Handlungen nötigt, lässt überzeugte Europäer zu Gegnern dieser pervertierten Politik werden. Sie rechtfertigt ihre Existenz mit der Verhinderung von Kriegen. Eine naivere Argumentation ist kaum denkbar. **Die Aggressionen zwischen den europäischen Staaten werden durch die ungeschickte und inkonsequente Politik der Euroschmarotzer eher größer.**

Das Europaparlament hat Deutschland dazu gezwungen, seine gefährlichen **Straftäter zu entlassen**, wenn die eventuell erst Jahrzehnte später festgestellte Notwendigkeit für eine Sicherheitsverwahrung nicht gleichzeitig mit dem Urteil angeordnet worden war. Für einen logisch denkenden Menschen ist es klar, dass auch Schwerverbrecher möglicherweise durch ihre **persönliche Entwicklung** im Knast und durch **Resozialisierungs-Maßnahmen** nach 10 oder 15 Jahren Haft vielleicht **nicht mehr akut gefährlich** sind. Dann wäre es ungerecht, sie schon bei der Verurteilung zu anschließender Sicherheitsverwahrung zu verurteilen. Umgekehrt ist es möglich, dass **Mörder oder Pädophile** auch noch nach 25 Jahren Haft **tickende Zeitbomben** sind und dann wäre es noch in höchstem Grade gefährlich, sie zu entlassen. Das macht deutlich, dass es erst kurz vor dem Auslaufen der Strafe sinnvoll ist, über eine Sicherheitsverwahrung zu entscheiden. Trotzdem mussten hochgefährliche Kriminelle entlassen werden und die Gefahr durch eine entsprechende 24 stündige Polizeiüberwachung (ca. 25.000 Euro Kosten pro Monat) abgewendet werden.

Oft gilt leider: **das Europaparlament verteilt Geld, das nicht verfügbar ist, für Dinge, die zu Nichts nutze sind**. Und das mit erschreckend hohem personellem Aufwand und mit Gehältern, die ca. dem Siebenfachen von dem eines Arbeiters entsprechen. Es gibt hier wie in der

nationalen Gesetzgebung allerdings nur
eher zufällig Gesetze und Vorschriften, die
ausschließlich dem Volk zugute kommen.

Die Degeneration der Demokratie

In den Anfängen der modernen Demokratie liefen die **Wahl** und die **Amtszeit** der Regierung nach logistisch primitivsten Regeln ab. Daran hat sich bis heute trotz besserer Möglichkeiten (Informatik, Internet) im Prinzip nichts geändert. Die entstandenen demokratischen Staatssysteme werden allerdings regelhaft schlechter. Ein solcher **Prozess der Degeneration eines Staatssystems** wird anschaulich von George Orwell in seinem Buch „Animal farm" beschrieben. Das Buch, das speziell die Degeneration eines kommunistischen Systems satirisch aufarbeitet, bietet aber auch viele Parallelen zur Entwicklung bzw. **Fehlentwicklung demokratischer Systeme**. Ein anfangs vorhandener **Idealismus, eine euphorische Stimmung, ein verständlicher Stolz auf ein** „gerechtes" System, **eine gewisse Gleichheit in Besitz und Chancen**, ein Anflug von **Solidarität**, all das weicht bald dem **Egoismus und der Gleichgültigkeit der Mächtigen** im Staat:

den Politikern, Industriellen, Medien-Mogulen, Verbrechersyndikaten, Kirchen und Militärs, dem **Filz der Politiker mit Finanzkräftigen** jedweder Couleur. Die Justiz, die dritte unabhängige Gewalt neben Regierung und Gesetzgebung, ist oft nur ein notdürftiges Deckmäntelchen über die sich allseits ausbreitende **Ungerechtigkeit**. Die Menschen, die sich als Gleiche respektierten, entmischen sich, entfremden sich, stehen sich schließlich feindlich gegenüber. Die **soziale Schere klafft immer weiter auseinander. Vom „Staat" fühlt man sich ausgenutzt, dem Bürger gegenüber entwickelt die Verwaltung ein pauschales Misstrauen.** Viele fühlen sich von der **Polizei** bedroht, diese wird beschimpft, angegriffen und wehrt sich mit inadäquater Gewalt. Am Ende ist die „Demokratie" nicht mehr die Herrschaft des Volkes, sondern allenfalls eine **periodisch durch Alibiwahlen gerechtfertigte Diktatur.** Die meist unwillkommenen Politiker werden dem Volk als **privilegierte Kaste** in ihren Gedanken und ihrem Handeln immer fremder. Für kritisch denkende Bürger sind diese Umstände sehr frustrierend.

Ein typisches Beispiel für eine entgleiste Demokratie war und ist zum Teil noch immer Griechenland. Nach der Militärdiktatur gab es zarte demokratische Versuche zu einem gerechten System zu gelangen. Dieses Land wird jedoch inzwischen beherrscht und ausgebeutet von einer Allianz **superreicher Familien** und korrupten und **selbstsüchtigen Politikern** und einem **aufgeblähten Beamtenapparat**, der sich vorwiegend aus Günstlingen der oberen Kasten rekrutiert. Prototyp dieser Schmarotzer-Clique war der **feist-dreiste Finanzminister Evangelos Venizelos**, der noch in der offensichtlichen Staatspleite den Stolz seines Volkes betonte, sich in einem dümmlichen Zweckoptimismus übte und sich Vorschriften von außen verbat. Ministerpräsident **Georgios Papandreou richtete in seiner Überheblichkeit und Inkompetenz sein Volk finanziell zu Grunde** und klebte bis zum letzten Augenblick an seiner Position.

Der Trend ist: Schlechte Politik – Schlechte Politiker

Hochrangige „Staatsdiener", die wegen **Bestechung, Steuerhinterziehung, Spendenaffären, Bestechlichkeit** und ähnlichen Verfehlungen ihren Hut nehmen mussten, gibt es genügend und in allen Ländern. Zudem ist die Dunkelziffer sicherlich um ein mehrfaches höher als die Zahl der bekannten Fälle. Wahrscheinlich ist es mit den Verfehlungen der Politiker ähnlich wie mit dem Doping im Sport: Viele tun es, bei Wenigen kommt es ans Tageslicht.

Aber auch in der deutschen Politik hatte und hat es negative Auswüchse.

Der damalige Bundeswirtschaftsminister **zu Guttenberg** musste Gesetzestexte von einer britischen (!) Anwaltskanzlei formulieren lassen, weil er entweder keinem der Spezialisten der deutschen Regierung diese eher banale Arbeit zutraute oder **ohne Notwendigkeit deutsche Steuergelder aus dem Fenster warf.** Oder spielte die Tradition seiner Vorfahren eine Rolle, andere für sich arbeiten zu lassen? Vielleicht **haben die Engländer den lukrativen Auftrag als Belohnung bekommen, weil sie die nicht abgeschriebenen Teile seiner Doktorarbeit verfasst haben?** Diese unwahren, gehässigen Bemerkungen könnten direkt von einem Politiker aus dem Gegenlager stammen. Man hätte sich jedenfalls einen sparsameren Mann im Wirtschaftsministerium wünschen können. Als **Verteidigungsminister** hielt er einen Militäreinsatz in Afghanistan in der Provinz Kundus mit vielen zivilen Opfern für gerechtfertigt, einige Wochen später behauptete er das Gegenteil. Nach dem Tod einer Gefreiten auf dem Schulschiff Gorch Fock verkündete er, dass alles gründlich geprüft werde ehe personelle Konsequenzen zu ziehen seien. Einen Tag danach erfährt man, dass der Kapitän der Gorch Fock fristlos außer Dienst gestellt worden war. Vorwürfe wegen seiner Doktorarbeit ließ er von seinem Sprecher als abstrus bezeichnen. Scheibchenweise musste er die Wahrheit eingestehen. Erst **Wochen später trat er zurück**. Natürlich nicht wegen dieser abstoßenden Lügerei und dem Vertrauensverlust in der Bevölkerung, sondern **um den Soldaten**

und militärischen Institutionen keinen Schaden zuzufügen. Ein wahrlich selbstloser und bescheidener Mensch. Er hat auch nicht einen Wirrwarr an Baustellen hinterlassen, sondern schon die ganze Arbeit für seinen Nachfolger vollbracht. In ihm hatten sich die Deutschen schon ein Idol geschaffen und wollten es bis zum bitteren Ende nicht aufgeben. Dabei ist resümierend zu bemerken, dass nicht die Verfehlungen selbst Guttenberg als Politiker disqualifiziert haben, sondern vor allem sein Krisenmanagement, die **inakzeptable Lügerei** in der Tradition eines Barschel oder Engholm, um seine Fehler zu vertuschen.

Bundeskanzlerin Angela Merkel ist eine interessante Persönlichkeit. Ihre **Kinderstube** wurde durch ihren Vater, einem Pastor, offenbar eher von Gefühlen und **Irrationalem** geprägt, ihre berufliche Ausbildung und **Tätigkeit als Physikerin eher von rationalem, logischem Denken**. Sie lernte es, **fleißig** zu sein und sich selbst um Inhalte zu bemühen. Sie braucht meist keine Traube von Fachleuten und einen Stapel Ordner um sich, um über ein Thema Bescheid zu wissen. Was ihr auch zu Gute kommt, ist dass sie das **Bild der Frau in der DDR** kennenlernte und übernahm. Dort gab es schon eine weiter reichende Emanzipation und Gleichberechtigung als in der BRD. Das gibt ihr Selbstverständlichkeit im Umgang mit „großen Männern", ein starkes Selbstbewusstsein. Merkel ist für das derzeitige „demokratische System" eine gute Politikerin. Natürlich ist sie nicht fehlerfrei. Im Streit um die Wiederaufnahme des Holocaust-Leugners Williamson in die Kirche **kritisierte Kanzlerin Merkel 2009 offen den Papst.** Der Augsburger Bischof Mixa sah darin einen „politischen und diplomatischen Fehlgriff". Die CSU protestierte heftig. **Merkel hatte natürlich absolut Recht mit ihrer Kritik.** Das Thema ist allerdings inzwischen zu 95 % historisch. **Warum kritisiert Merkel nicht die aktuellen kriminellen Machenschaften des Vatikans,** besonders die der Vatikanbank, die Verflechtungen mit der Mafia, die **lebensfeindliche und sexualfeindliche „Politik"** in der dritten Welt? **Dort sterben täglich Menschen**, weil die Vorschriften des Papstes Kondome nur für „männliche Prostituierte" erlauben. Frauen sterben an Abtreibungen, weil die Empfängnisverhütung verteufelt wird.

Angela Merkel hat an sich gute Vorschläge in europäischen Fragen, verschlimmert aber die Situation mit ihrer Unfähigkeit, sie durchzusetzen. Wenig weitsichtig war Merkel bei ihrem **Bückling vor George Bush, als sie 2003 in der Zeitung „Washington Post" bedauerte, dass Deutschland nicht im Irakkrieg aktiv mitkämpfen wollte.** Originalzitat Merkel: „Verantwortliche politische Führung darf niemals den wirklichen Frieden der Zukunft gegen den trügerischen Frieden der Gegenwart eintauschen." Übersetzt in Bushs Sprache: **„Erst schießen, dann fragen!" Gerhard Schröder** hatte damals als Bundeskanzler entschieden, in diesem durch gefälschte Berichte angezettelten Krieg **nicht die unglückliche Tradition amerikanischer Militärinterventionen unterstützen** zu wollen. Heute will Merkel deutsche Soldaten nur mit einem Mandat der UNO nach Syrien schicken. Wie Steinbrück lernt auch sie aus ihren Erfahrungen.

Sie und ihre Regierung haben als Reaktion auf die **Wirtschaftskrise** in einem

blindwütigen Aktionismus versucht ihrem Fetisch Wachstum mit teils unsinnigen, teils kontraproduktiven Maßnahmen zu huldigen. Eine **Abwrackprämie für alte Autos**, die viele Millionen Euro verpulverte, die noch zusätzlich **Werte zerstörte**, die ökonomisch wertvoll waren (vorwiegend Kleinwagen), die Energieverschwendung und **enorme CO2 Belastung** für die Umwelt zur Folge hatte (die zur Produktion von Neuwagen benötigte Energie entspricht in etwa der Energie, die man braucht, um 100.000 km mit dem Auto zurückzulegen). **Sie kam vorwiegend ausländischen Auto-produzenten zu Gute** (Kleinwagen aus Japan, Korea, Frankreich, Italien, Spanien, der Tschechei, Ungarn und Polen), allerdings auch den amerikanischen Firmen Opel und Ford, durch die zumindest eine Weile auch deutsche Arbeitsplätze gesichert wurden. Der auf die Krise folgende Automobil-Boom war natürlich nicht der „Verdienst" dieser Steuervernichtungsaktion, sondern wurde vom allgemeinen Aufschwung verursacht.

Das „**Wachstumsbeschleunigungsgesetz**" war von Anfang an eine Missgeburt, die auch hohe Ausgaben verursachte und mit größter Sicherheit weniger Nutzen in Form von Arbeitsplätzen und Steuermehreinnahmen brachte als Verluste. Der Heimwerker-Markt „Praktiker" hat ein anschauliches Beispiel dafür gegeben: die 20% Rabatt-Aktionen haben nicht etwa das Wachstum auf Dauer vergrößert, sondern die **Talfahrt in die Insolvenz** beschleunigt. Mehr als zwei Drittel der Bevölkerung sehen die Unmöglichkeit, bei den immensen Schulden und Neuverschuldungen des Staates Steuergeschenke zu verteilen. **Inmitten einer Wirtschaftskrise zusätzlich zu den vorhandenen 235 Milliarden Euro Haushaltsdefizit zusätzlich 86 bzw. 100 Milliarden neue Schulden aufzunehmen (je nachdem, ob man die Hilfen für Banken und Industrie heraus rechnet), ist ein Angriff auf den gesunden Menschenverstand. Die inkonsequenten, nach europäischen Konventionen auch illegalen Eurohilfsmaßnahmen für andere Länder**, eingeleitet mit der Griechenlandhilfe von 23 Milliarden Euro **bereiten den Bundesbürgern zusätzlich schlaflose Nächte.** Mit solchen immensen Schulden auch noch Geschenke zu finanzieren, würde Otto Normalverbraucher mit Sicherheit ins Gefängnis bringen. Verkehrte Welt. **Das Volk wird gezwungen, noch mehr auf Pump zu leben, weil Merkel, wie ihre Vorgänger und Kollegen in Europa und den USA** offenbar keine kompetenten Fachleute hat, die ihr den **finanzpolitischen Wahnsinn** vor Augen führt.

Frau **Merkel pflegt auf Kosten der Steuerzahler gute Beziehungen zu den Unternehmern**. 2009 richtete sie anlässlich des Geburtstags eines der reichsten Manager Deutschlands für diesen und dreißig seiner Freunde ein **Gala-Essen** aus. Dabei ist wahrscheinlich nicht übers Sparen gesprochen worden.

Inzwischen ist dagegen von höchster Ebene Sparen angesagt. Frau Merkel hat mit einem **„Kraftakt" (Originalzitat Merkel)** zusammen mit Westerwelle ein „ausgeglichenes, gerechtes, ehrgeiziges" Projekt verwirklicht. **Die in 4 Jahren einzusparenden 80 Milliarden Euro werden, wie könnte es anders sein, am Volk eingespart. Sie sind das Ergebnis von vielen Steuerneueinführungen** und von **Kürzungen der Subventionen und Sozialleistungen**. Dem Bürger wird mehr

Geld aus der Tasche gezogen und die Leistungen des Staates werden weiter reduziert. Dieses armselige Getue als einzigartige Kraftleistung zu bezeichnen und in den höchsten Tönen zu loben zeigt erneut, wie geistig beschränkt das Volk von der Regierung eingeschätzt wird. Die **Verlängerung der Laufleistung von Atomkraftwerken** wurde von der Regierung als epochal (Westerwelle), zukunftsweisend, einzigartig, als Revolution in der Energiepolitik (Merkel) bezeichnet, als weltweit effizienteste und umweltverträglichste Energieversorgung. **Viel Lob für einen faulen Kompromiss mit den Energiekonzernen.** Das umweltpolitische Engagement Merkels, das einmal ihr Markenzeichen war, schien begraben und vergessen zu sein. **Erst der Atomunfall in Fukushima in Japan hat alle Ansichten und Einsichten bis dahin annulliert** und zur gegenteiligen Meinung geführt. Und das, obwohl deutsche Atomkraftwerke weder durch Erdbeben und erst recht nicht durch Tsunamis bedroht sind. Werden in Australien Badende von **Würfelquallen** getötet, verbietet man dann an **Ost- und Nordsee** das Baden? War der überstürzte Ausstieg aus der Atomenergie ein Resultat logischer

Überlegungen oder dumpfer Gefühle? Nicht etwa, dass ich unbedingt für Atommeiler bin, aber der Unfall in Japan hat mit deutschen Risiken aber auch gar nichts gemein. Noch dazu wird im grenznahen Ausland munter weiter Atomstrom erzeugt und zu uns geliefert, allerdings mit Kraftwerken, die nicht unsere Sicherheitsstandards erfüllen.

Es werden keine Mittel mehr für den **Solidaritätsausgleich** benötigt. Trotzdem will Merkel nicht auf sie verzichten, weil sie das Geld anderweitig gut gebrauchen kann. Das ist so als verlangt ein Hotel auch dann noch von einigen Gästen Zuschläge für Vollpension, wenn es seine Küche für immer geschlossen hat und prinzipiell kein Essen mehr liefern kann, und rechtfertigt das damit, dass es dann weniger Defizit beim Personal oder bei der Heizung hat. Es gibt kaum jemanden, der einen solchen Betrug akzeptieren würde. Schon **bei der Dosennahrung gilt: wenn Rind draufsteht, darf der Inhalt nicht gewiehert haben. Der Soli wird weiter einkassiert, obwohl seine Aufgabe erfüllt ist und er somit keine Existenzberechtigung mehr hat.** Wäre es nicht die einzige gesetzlich vertretbare

Version, den Soli abzuschaffen und die allgemeinen Steuern um einen gewissen Betrag bzw. Prozentsatz zu erhöhen? Auch auf die Gefahr hin, dass **Steuererhöhungen** nicht besonders gut beim Bürger ankommen, besonders vor Wahlen? Aber Gerechtigkeitssinn findet man bei Politikern seltener als Bequemlichkeit.

Wenig finanzielle Sorgen schien auch bei der ehemaligen Gesundheitsministerin Frau **Ulla Schmidt** ihr Verhalten zu beeinflussen. **Die Gesundheitsministerin benutzte jahrelang im Urlaub ihren Dienstwagen samt Fahrer**. Sie hatte dabei keine Bedenken, auf diese Weise Deutschland zehntausende Euro zusätzlich zum guten Gehalt zu kosten, da dieses Verhalten schließlich „juristisch einwandfrei" war.

Einige Politiker bemerken mit Trauer, dass sie nicht mit **ähnlich hohen Gehältern** entlohnt werden wie einige **Spitzenmanager**. Sie scheinen nicht zu sehen, dass die Manager meist wegen einer hohen Qualifikation und entsprechender Leistung ausgewählt werden. Politiker werden hingegen aufgrund von Taktik, Proporz oder langem Anstehen oft in völlig fachfremde Bereiche verschlagen und sind dort nicht einmal das „wenige" Geld wert, das sie bezahlt bekommen. Außerdem sollte jeder Politiker inzwischen eingesehen haben, dass die extrem überhöhten Zuwendungen für Spitzenmanager **Auswüchse des Kapitalismus sind und nur durch eine ungerechte Ausbeutung der Arbeiter und Angestellten** möglich werden. Es zeugt weder von einem passablen Charakter noch von Taktgefühl, sich so gierig zu verhalten.

Schönfärberei ist ein beliebtes Stilmittel der Politiker. Nach diesem Muster preisen Politiker auch „**Rentenerhöhungen" von 0,5 % als positiv an, wenn die Inflationsrate mehr als 1,5 % beträgt**. Die Rentner sollen gefälligst froh und dankbar sein, dass sie nur 1 % weniger Kaufkraft verkraften müssen. Es könnte schließlich noch schlimmer sein, wie in Griechenland, Spanien, Portugal und Irland.

Wegen **desolatem Wirtschaften, Vetternwirtschaft, Bereicherung an Staatseigentum und durch Lobby-Druck** nehmen Politiker seit Jahrzehnten zu

Lasten unserer Kinder und Kindeskinder regelmäßig neue Schulden auf. Sie können oder wollen selbst in „guten" Jahren mit dem immensen Steueraufkommen unseres reichen, erfolgreichen Landes **nicht die öffentlichen Schulden abbauen**. Es gibt natürlich keine Gesetze, die den Staat dazu zwingen könnten. Gesetze gibt es allerdings dafür, dass in schlechten Jahren die **Obergrenze der Schuldenneuaufnahme von 3 %** des Staatseinkommens **überschritten werden darf**. Die Schuldenbremse wird so locker ausgebremst. **Wolfgang Schäuble** verspricht seit langem, die Schulden schnell abzubauen. Die meisten Bürger werden diesen Unfug wohl unter „irreale **Wahlversprechen**" einordnen und damit rechnen, dass nach der Wahl der Mantel des Vergessens darüber gelegt wird. Die Wahl-Lügerei ist inzwischen Normalität.

Ein absolut primitiver **Zweckoptimismus** der Politiker zur Stimmungsmache und Beruhigung der Bürger ersetzt redliche, realistische Informationen: **Philipp Rösler** sagte noch vor dem ersten Schuldenschnitt, der die Schulden Griechenlands willkürlich auf die Hälfte reduzierte und damit die Staatspleite einstweilen verhinderte: „Ich glaube, dass die Griechen ihre Schuldenkrise meistern werden." „Wir werden die Steuern senken". **Merkel**: „Die Griechen machen ihre Sache gut, sie haben schon 5 % weniger Neuverschuldung!" Natürlich haben Europas Politiker ein schlechtes Gewissen, weil sie Griechenland in die europäische Gemeinschaft aufgenommen haben, obwohl allen bekannt war, dass Griechenland die Aufnahme-Kriterien weit verfehlt hatte. Barak **Obama**: „Amerika war schon **immer ein AAA-Schuldner** und wird auch immer einer sein". Natürlich weiß er, dass sein Land schon öfters hart an der **Insolvenz vorbei geschliddert** ist und dass die Rating-Agenturen nicht wegen seiner schönen Augen das Rechnen verlernen werden. Man wähnt sich in einem Western für geistig Minderbemittelte: „Wir werden von 50 Rothäuten angegriffen, aber ich verspreche Dir, ich mache sie alle nieder und rette Dich!", „Wenn man an seinen Erfolg glaubt, kann nichts schiefgehen!", „Mit Selbstvertrauen und Fleiß kannst Du alles schaffen!", **Kindermärchen von und für schon längst vom Schicksal geschlagene und resignierte Loser.**

Hier sind zwei Beschreibungen einer Tatsache:

„Der Anstieg unserer Neuverschuldung hat sich dank unserer großen Anstrengungen auf vielen Gebieten erfreulicherweise erheblich verringert!"

„Wir haben sehr große Schulden. Deprimierend ist, dass wir von Jahr zu Jahr immer neue Schulden aufnehmen müssen und keine Hoffnung auf Besserung besteht."

Sie dürfen raten, welche Version von regierenden Politikern bevorzugt wird. Wenn Sie es wissen, rufen Sie meine gebührenpflichtige Nummer 0180… für schlappe 49 Cent an und sagen Sie die Lösung. Jeder 100. Anrufer bekommt einen Kugelschreiber mit fünf Jahren Garantie, außer auf die Mine und das Gehäuse.

Verteidigungsminister **Thomas de Maiziere** verpulverte mit seinen **„richtigen"** **Entscheidungen bei allerdings „falschen" Voraussetzungen** viele hunderte Millionen Euro für Drohnen und Panzer. Dass er offenbar unfähig war, sich richtige Voraussetzungen für seine Entscheidungen zu besorgen, die dann ganz anders ausgefallen wären, lässt ihn nicht an seinen Fähigkeiten zweifeln. Aber natürlich hat er keine Schuld, genau wie seine Vorgänger Rudolf Scharping, Franz Josef Jung oder Karl-Theodor zu Guttenberg, alles **Unschuldslämmer**, die alle sehr genau wissen, dass **nur die „Anderen" Fehler machen können**. Als Kind hat man schon oft die Erfahrung gemacht, dass es einem dann besser (er)geht und im Erwachsenenalter profitiert man natürlich auch gern von solchen Erfahrungen.

Dementieren, **Abwiegeln**, eventuell scheibchenweise die nachgewiesene traurige Realität zugeben, das ist heutzutage leider oft typisches politisches Handeln.

Feiern, Feste und Gelage vom Feinsten auf Kosten des Volkes, Einladungen von Firmen, Versicherungen, Sportvereinen und Banken, völlig **unrealistische Einschätzungen** und Projekte wie jetzt aktuell bei dem **Berliner Flughafen** Willi Brandt, beim Bahnhof **Stuttgart 21**, bei der Drohnen- und Panzeraffäre, - das sind bestimmt alles keine Verwirklichungen demokratischer Willensäußerungen. Der Aufsichtsrat für den Berliner Flughafen ist ein besonders unrühmliches Beispiel. Seine Mitglieder erhalten pro Sitzungstag 235 Euro. Ein lächerliches Taschengeld für diese Herren, aber zu 100 % aus dem Fenster geworfen. Das Geld für einen einzigen fähigen Fachmann spart man lieber ein und nimmt Millionen Euro täglich an Verlusten in Kauf bis der Flughafen endlich in Betrieb genommen wird. **Wenn der inkompetente und nutzlose Aufsichtsrat von Anfang an durch zwei oder drei Fachleute ersetzt worden wäre, hätte man den Flughafen höchstwahrscheinlich schon vor langer Zeit eröffnen können** und dem Steuerzahler wäre ein großes Desaster erspart geblieben.

Es scheint als Maßstab für eine Gesetzesinitiative nicht zu gelten: „Was ist gut? Was ist gerecht?" Sondern viel mehr: **„Was nützt es uns Politikern und unserer Partei**? Wie können wir das System noch mehr ausnützen?" Die vor kurzem bekannt gewordene Praxis in der bayerischen Politik, enge **Familienmitglieder** mit **lukrativen Jobs** zu versorgen, wenn das auch oft nur zum

Schein ist, passt genau in dieses Bild. Dabei ist das Gesetz zum Verbot solcher Arbeitsverhältnisse bereits 2000 verabschiedet worden. Eine vorgesehene „Übergangszeit" scheint für einige Politiker nie enden zu wollen.

Was die **Schönrederei bei der Regierung** ist, das ist die **übertriebene Kritik bei der Opposition**, die wahrscheinlich eine ähnlich schlechte Politik gemacht hätte oder schon gemacht hat. Es gibt nicht genügend Zeigefinger, um sie tadelnd und drohend zu erheben. **Sigmar Gabriel** wird von der CDU schon als Vuvuzela der deutschen Politik bezeichnet. Im Hinblick auf den immerhin in der Recherche gewissenhaften und illusionslosen Analytiker Sarrazin tönte er, dass solche Gedanken nicht von einem SPD-Mitglied **in der Öffentlichkeit** geäußert werden dürften und empfahl den Parteiausschluss. Darf ein SPD-Genosse denn solche Gedanken mit dem Plazet von Gabriel etwa ungesühnt **unter Ausschluss der Öffentlichkeit** äußern? Ist das ein offenes Bekenntnis, dass man ohne Wissen des „primitiven Volkes" **unbequeme, tabuisierte Wahrheiten** akzeptieren kann, diese aber in der Öffentlichkeit aus Angst vor Stimmenverlusten bekämpfen muss? Solche Äußerungen sind sehr aufschlussreich. Manchmal ist es für solche Politiker von Vorteil, keine Politik machen zu müssen. So sind auch **sicher einige Grüne insgeheim froh, keine Verantwortung für aktuelle Probleme tragen zu müssen**. Man kann gegen alles sein, aber man braucht sich um **Lösungen** keine Gedanken zu machen. Es ist unter diesen Bedingungen sehr leicht, „grüne" Ziele zu präsentieren. Für die Verwirklichung sind andere zuständig. Bei einer Regierungsbeteiligung müsste man konstruktive Lösungen anbieten. Wie schnell dann auch Grüne ihr Verhalten ändern, zeigte **Joschka Fischer**, nachdem er an der Macht geschnuppert hatte. Den Gipfel der Unverständlichkeit erreichte eine kritische Äußerung von der ehemaligen Verbraucherschutzministerin **Renate Künast** an der derzeitigen Ministerin **Ilse Aigner** wegen ihren Äußerungen zur Bewältigung des Dioxin-Problems. Der hauptsächliche Vorwurf war, dass Aigner Ideen von den Grünen geklaut habe. Frau **Künast** ist also nicht über gute, von der Regierung akzeptierte und realisierte, grüne Lösungsansätze erfreut, die dem Volk Vorteile bringen, sondern sie **verteidigt die „guten Ideen" ihrer Partei als geistiges Eigentum**. Abgesehen davon ist das Problem Dioxin in Futtermitteln nahezu durchgehend seit Jahrzehnten vorhanden. Auch Frau Künast konnte in ihrer Amtszeit nichts daran ändern. **Jürgen Trittin** setzt mit seiner chronisch überzogenen Kritik und natürlich mit Rücktrittsforderungen noch eins drauf. Er ist ein Autohasser - welch Wunder - ohne Führerschein. Auch er verkörpert mit viel Engagement eine **Vuvuzela der Opposition**.

Oppositionelle haben viele „gescheite" Vorschläge, die bei näherem Hinsehen aber nur **populistisch** und nicht zu realisieren sind. Diese eingeforderten „Lösungen" sind oft **widersprüchlich:** „schneller Schuldenabbau und gleichzeitig deutliche Steuersenkungen", „umfassende Sparmaßnahmen und gleichzeitig hohe Investitionen zum Ankurbeln der Wirtschaft". Man hat den Eindruck, Münchhausen-Geschichten zu hören: wir ziehen uns am eigenen Schopf aus der Krise. **Horst Seehofer** forderte in steter Regelmäßigkeit **Steuersenkungen** von einer Regierung, der das Wasser schon bis zum Hals steht. Seit den Veröffentlichungen von **Wicki Leaks** weiß man, dass ihn die **Amerikaner** nicht gerade für **eine Koryphäe** halten. Erst stellte er die Wehrpflicht als etwas Notwendiges hin, dann wollte er sie abschaffen. Erst kritisierte er Sarrazin als Rassisten, dann blies er kräftig ins gleiche Horn. Als Seehofer seine Justizministerin nach anstehenden Urteilen im Fall Molath fragte, antwortete diese, sie habe keinen Einfluss auf das Urteil der Richter. Darauf Seehofer: „Wozu haben wir dann eigentlich ein Justizministerium?" **Seehofer hat eine Hybris**, die man eher bei amerikanischen, russischen, italienischen oder französischen Präsidenten erwartet. Dafür könnte auch sprechen, dass er für die Einführung der **Autobahngebühr** gegen den „Rest Deutschlands" kämpft. Aber auch er hat keine Weisungsbefugnis für Richter. Und das weiß er auch, das fällt schließlich nicht unter „Geographie", wo sein Wissen scheinbar nicht perfekt ist. Als Ingolstädter meinte er kürzlich, dass die Donau von Deggendorf in Richtung Ingolstadt fließt. Herr Seehofer soll jedenfalls ein **gewissenhafter Christ** sein. Als er beichtete, eine uneheliche Tochter zu haben, soll ihm der Priester als Buße auferlegt haben eine Zitrone zu essen. Auf die erstaunte Frage Seehofers, ob dann die Sünde schnell wegginge, antwortete der Priester: „Nein, aber das zufriedene Lächeln in Ihrem Gesicht!"

Frank-Walter Steinmeier wollte als Außenminister offenbar mit immer neuen **Versprechungen** im Guinnessbuch der Rekorde Einzug halten. Ob es Versprechungen waren, bestimmte Projekte in Entwicklungsländern zu vollenden oder zu unterstützen, ob es Deutschlandpläne mit illusorischen Zielen waren, zum Glück ist er nicht mehr in der Regierung und muss seine Versprechen nicht einlösen. Seine Reaktion auf den **Rücktritt des Bundespräsidenten Horst Köhler** war weder ein Nachdenken über die Gründe dafür, noch eine Würdigung dieses immerhin **ehrlichen** und **sensiblen** Präsidenten. Er stellte trocken fest: „Keine Frage, in einer ohnehin nicht einfachen Zeit, in einer Krisenzeit, sind wir mit diesem Rücktritt in eine zusätzlich **schwierige Situation** geraten." Die Reaktion von Angela Teflon Merkel auf die Entscheidung Köhlers straft die Amerikaner Lügen, die behaupten, es gleite alles von ihr ab, ohne sie zu berühren. Originalton **Merkel: „Ich bedauere den Rücktritt aufs Allerhärteste"**! Lapsus oder Wort-Neuschöpfung? Jedenfalls hat unsere Bundeskanzlerin sehr wohl Gefühle, sogar die härtesten. Man sollte Respekt vor Köhler haben, nicht ihn kritisieren. Besonders, wenn man ihn mit seinem Nachfolger vergleicht. **Er ist sicherlich zu gut für die Politik, in der man häufiger Lügen respektieren muss als die Wahrheit sagen zu dürfen**. Es ist ein Tabu, dass wir, wie alle anderen Staaten, die das können, unsere kommerziellen Interessen, Pardon, unsere Sicherheit mit Waffengewalt verteidigen, egal wo und egal gegen wen. Jeder intelligente Mensch weiß das, aber man darf es als Politiker nicht sagen. Daran und an seiner **Geradlinigkeit und Sensibilität** ist Köhler gescheitert.

Die Außenpolitik hat in erster Linie das Ziel, Deutschland wirtschaftlich zu stärken. Schizophrenie der Politik: In der Krise wollen wir, dass die **armen Staaten** wie Griechenland, Spanien, Portugal, Italien und Irland **konkurrenzfähiger** werden, um sich zu erholen. Jedoch: **Deutschland soll stärker aus der Krise**

herauskommen als es hineingegangen ist. Auf wessen Kosten? Quadratur des Kreises oder simpler **Schwachsinn**?

Um wirtschaftlich erfolgreich zu sein, muss man schon mal „kleine Zugeständnisse" machen, **wenn in einem wirtschaftlich interessanten Land die Menschenrechte missachtet werden und demokratische Standards mit Füßen getreten werden.** China, Russland, Indien, viele Staaten in Afrika, Südamerika und im nahen Osten sind wirtschaftlich zu wertvoll, um sie mit läppischer Moral zu verärgern. Geld stinkt nicht.

Geheimdienste bedienen sich Verbrechern. Sie schützten und entlohnten ehemalige Nazi-Verbrecher für ihre Dienste. Arnold Gehlen, Adolf Eichmann und viele andere wurden als rechtsgerichtet und antikommunistisch geschont. Gehlen leitete bis 1968 den Bundesnachrichtendienst. Sein Nachfolger Gerhard Wessel war auch schon Hitlers Spitzel. Der Zweck heiligt bekanntlich die Mittel. Grausame Diktatoren wurden unterstützt, **ideologisch unbequeme Herrscher wurden mit mehr oder**

weniger Erfolg bekämpft. **Salvator Allende und Fidel Castro** sind nur die bekanntesten Beispiele.

„Service" des Staates geht gegen Null

Im Januar 2011 hatte die Regierung offenbar noch genügend Geld übrig, dass sie eine Kommission aus 17 Politikern und 17 Wissenschaftlern (wahrscheinlich mussten die 17 Politiker dabei sein, damit die Wissenschaftler nicht etwa schnell und ungestört arbeiten konnten und vielleicht schon in der halben Zeit fertig geworden wären), die zweieinhalb Jahre darauf verwenden sollte, einen neuen **„Wohlfühlmaßstab des Volkes"** zu erarbeiten. Jeder auch nur minimal sensible Mensch weiß, dass die Bevölkerung in Deutschland immer weniger Lebensqualität und immer weniger Geduld mit seiner Regierung hat. Wenn die Verschwendung von Arbeitskraft und Steuergeldern für solchen Unfug nicht so furchtbar deprimierend wäre, könnte man einen Lachkrampf bekommen. 34 sehr gut bezahlte Leute, die zweieinhalb Jahre lang Haare spalten müssen, um die seit langem deutliche **Evidenz breitzutreten** und auszuschmücken. Die vorhandenen Energien sollten eher dazu

verwendet werden, die **Lebensbe-
dingungen der Menschen zu verbessern**
und nicht mit schier unmenschlichem
Aufwand und Präzision ihren Unmut
messbar zu machen. Ein kleiner Schritt in
diese Richtung wäre es, diese 34 offenbar
überflüssigen Staatsangestellten zu
entlassen, wenn man beim besten Willen
keine nützlichen Aufgaben für sie findet.
Griechenland macht es uns inzwischen
vor, dass so etwas möglich ist. Vielleicht
würde auch der eine oder andere unter
ihnen zu Stellwerk-Arbeitern der Bahn
taugen, da wären sie mit Sicherheit
wesentlich nützlicher.

**Vor vielen Jahren war der Staat mit
seinen Einrichtungen zum Wohl des
Volkes da**. Staatseigene Dienstleistungs-
betriebe gehörten dem Volk und ersparten
ihm den Anteil an der Nutzergebühr, der
auf die Sachwerte entfiel. **Es gibt seit
langer Zeit einen stetigen Abbau der
öffentlichen Leistungen**: Straßenbau,
Parkeinrichtungen, Post, Telefondienste,
öffentlicher Verkehr, Denkmalpflege,
Energiegewinnung, Kulturförderung,
Sicherheitsdienste, Fernsehen, Polizei,
Justiz, Schulen und Universitäten.
Trotzdem gibt es unverantwortlich **hohe**

und schlecht durchdachte Staatsausgaben. Das jährlich erscheinende Schwarzbuch des Bundes der Steuerzahler und der Bundesrechnungshof können ein Lied davon singen.

Jetzt wird alles, was unbequem oder wertvoll ist, verkauft. Das sind heimliche, bzw. **verheimlichte Steuererhöhungen** für die gesamte Zukunft, da die Benutzergebühr jetzt natürlich auch für die verkauften Einrichtungen und Immobilien zu zahlen sind. Weniger Tafelsilber, aber mehr Veräußerungsgewinn auf dem Staatskonto ist die Devise. Dieser Raubbau am Volkseigentum wird still und leise abgewickelt. Das sind finanzpolitisch **negative Investitionen** und sollten als solche auch im Haushalt deklariert werden.

Vergeblich erwartet der Bürger trotzdem noch einen **Service**, der ihm in einem der reichsten Länder weltweit wohl zustehen sollte: gute **Straßen**, die nicht bei jeder Hitzewelle riesige Blasen werfen und besonders für Motorradfahrer eine **tödliche Gefahr** sind. Die nicht nach jedem Winter von **Schlaglöchern übersät** sind. Autobahnen, die weniger **Baustellen** haben als intakte Strecken. **Autobahnbaustellen**, wo auch wirklich gearbeitet wird. Während die Bahn noch vor einiger Zeit den Werbespruch hatte: **„Alle reden vom Wetter, wir nicht“**, ist sie jetzt mehr von widrigen Wetterbedingungen beeinträchtigt als der Straßenverkehr und das Bahnsystem in vielen armen Ländern. Ausgefallene Klimaanlagen, eingefrorene Weichen, beschädigte Gleise, anfällige Signalanlagen, überall wird gespart, um die **Bahn für einen Börsengang attraktiv zu machen. Um gut funktionieren zu können, sollte sie nicht genau wie der Soli als Melkkuh missbraucht werden und hunderte von Millionen als Gewinn abwerfen müssen. Das erwirtschaftete Geld sollte in gutes Material, eine zuverlässige Wartung und in genügend Personal investiert werden**. Wegen den „notwendigen“ Einsparungen fällt die Bahn aus, wenn es zu kalt ist, wenn es zu heiß ist und wenn ein paar Stellwerkarbeiter krank werden. Obendrein halten die Züge in vielen kleinen Ortschaften nicht mehr. Verspätungen sind an der Tagesordnung.

Auch die **Post** rationalisiert viele Briefkästen einfach weg.

Als Folge einer unglaublich schlechten Verwaltung der Staatsbetriebe werden immer mehr Serviceleistungen von privater Hand übernommen. Ein seit Jahren versprochener **Bürokratieabbau** ist wie so vieles nahezu vergessen. Eine **stabile Währung** (ohne endlose Transfermechanismen) werden wir wohl nie wieder bekommen. Eher ist eine Währungsreform sehr wahrscheinlich, in der auch der finanziell bescheidene Bürger sein Erspartes verlieren wird. Die garantierten 100.000 Euro bei der Insolvenz einer Bank oder schlimmeren Katastrophen wie einer **Staatspleite** sind leider nur eine schöne Illusion.

Das demokratische System schützt keine Minderheiten

Auch in einem anderen Punkt kann man ein mögliches Versagen des demokratischen Systems erkennen. Die **Demokratie ist immer die Herrschaft einer Mehrheit**. Ist im Volk nicht genügend Wissen, Bildung und Toleranz vorhanden, um Minderheiten jeglicher Art zu respektieren, kann die Gesetzgebung, besonders die in Hinsicht auf eine Verfassung, bzw. ein „Grundgesetz", Ungerechtigkeit und Unterdrückung zur Folge haben. Gerade das Grundgesetz sollte aber die Rechte des Individuums vor der eventuell intoleranten Mehrheit schützen. Das ist in einigen **rassistischen, homophoben oder religiös indoktrinierten Demokratien** nicht der Fall. Vor einer solchen intoleranten Demokratie hat ein italienischer Verfassungsrichter 2009 gewarnt, als er sagte: „Wir leben natürlich in keiner Diktatur. Aber ich habe Angst vor einer **Diktatur der Mehrheit**." Der Richter, der nicht mit Namen genannt werden will, ergänzte: „Die wirksamste Garantie unserer Freiheit ist unser Mangel an Effizienz." Wie diese sorgenvollen Bemerkungen andeuten, ist der Wille der Mehrheit nicht immer gerecht und akzeptabel. In der Geschichte gibt es genügend Beispiele, dass der Wille der Mehrheit fehlbar ist und schon oft großes Leid provoziert hat. Das liegt einmal daran, dass die **Meinungen der Mehrheit** (wie die der Individuen auch) in erster Linie von **Gefühlen** abhängen und entsprechend **manipulierbar** sind, zum anderen an der mangelnden Weitsicht der Durchschnitts-Mehrheit. Es ist unumstritten, dass die Mehrheit der Franzosen hinter den Eroberungsfeldzügen **Napoleons**, die Mehrzahl der Deutschen zumindest hinter der Außenpolitik **Adolf Hitlers** (wollt Ihr den totalen Krieg? – Ja!) und die Mehrzahl der Amerikaner hinter dem Irakkrieg **George Bushs** stand. Auch das peinliche außenpolitische Gehabe **Barak Obamas**, der sich als höchste moralische Instanz der Welt begreift und sein fehlendes Gespür für Gerechtigkeit und kultivierten Regierungsstil wird von den meisten Amerikanern als positiv empfunden und unterstützt. Genauso gut sind innenpolitische Mehrheitsentscheidungen denkbar, die ethisch falsch sind.

Die **Unterdrückung progressiver Meinungen und derer Vertreter** hat eine lange Tradition. Nicht wenige Forscher und Denker wurden von Staat und Kirche verurteilt und hingerichtet. Ein schwacher Trost, dass auf Dauer die Wahrheit wohl kaum unterdrückt werden kann („Und sie dreht sich doch!").

Die Geburtenregelung durch mechanische oder hormonelle Verhütungsmethoden und Schwangerschaftsabbrüche kann demokratisch eingeschränkt und bestraft werden. In El Salvador, einem demokratischen Land, wurde es vor kurzem einer Frau am Ende eines langen Leidensweges schließlich vom obersten Verfassungsgericht untersagt, abzutreiben, obwohl die Schwangerschaft ihr Leben akut gefährdete und das Kind keine Überlebenschance hatte. Im Falle einer Abtreibung müssten sie und Ihr Arzt mit mehrjährigen Gefängnisstrafen rechnen.

In vielen demokratischen Staaten wird den Menschen nicht verboten, ihrem Leben ein Ende zu setzen, wenn sie aus welchen Gründen auch immer nicht mehr weiter leben wollen. Es ist aber meistens verboten einem Menschen dabei zu helfen. Es liegt in der Natur der Dinge, dass die meisten Suizide dann beabsichtigt sind, wenn die Bilanz wegen einer hoffnungslosen Erkrankung an Krebs, Lähmung, extremem Alter, schwerstem Rheuma, Herzerkrankungen, Lungenerkrankungen, Leber- oder Nierenversagen negativ ausfällt. Auch unerträgliche Schmerzen, Demenz oder Hilflosigkeit können plausible Gründe sein. In einem solchen desolaten Zustand kann man in der Regel nicht selbständig seinen Tod planen und realisieren. Es grenzt an Sarkasmus, das von einem Sterbenden zu verlangen. Um es klar zu sagen: es geht hier nicht um Euthanasie. Es geht auch nicht um assistierten Suizid bei chronischen oder akuten psychischen Erkrankungen, die heilbar oder vorübergehend sind. **Es geht um Menschenwürde und die Entscheidungshoheit über das eigene Leben und dessen Ende.** Hier sollte ein Gesetzgeber, der in einem laizistischen Staat nicht religiös argumentieren darf, die Freiheit der Schwächsten der Gesellschaft achten.

Verstümmelungen von Jungen und Mädchen (Beschneidungen) können demokratisch legalisiert werden. Die Mehrheit kann auch in Bezug auf Kleidung (z.B. Verschleierungen) und das Sexualleben der Menschen ihre Vorstellung von Moral durchsetzen wollen, mit Mitteln bis hin zur Todesstrafe.

Ethnische, religiöse, weltanschauliche und sexuelle Minderheiten wurden und werden mit fadenscheinigen Argumenten bevormundet, bekämpft, bestraft und im Extremfall umgebracht. Davon ist auch unser Kulturkreis betroffen. Selbst wenn das vielen fortschrittlichen Katholiken inzwischen peinlich ist und als überholt empfunden wird, hat die **Gewaltempfehlung** gegen „unmoralische" Menschen einen **christlichen Ursprung**. In der Bibel (das „Alte Testament" kann man als Zeugnis christlicher Moralvorstellungen nicht einfach wegleugnen) wird befohlen, Homo-sexuelle zu töten (3. Mose 20.13). Vergewaltigte Mädchen sollen gesteinigt werden, wenn sie nicht laut schreien und sich damit in Lebensgefahr bringen (5. Mose 22,23-24). Widerspenstige Söhne sollen umgebracht werden (5. Mose 21, 18-21). Diese unmenschlichen Gesetze sind also nicht etwa das Machwerk grausamer Islamisten oder primitiver Buschmenschen. Das sind unter anderem die Wurzeln „unseres" Christentums, die immer abstoßender und engstirniger erscheinen. **Kaum ein Gläubiger will solche Produkte eines verblendeten Hirns noch als göttliche Eingebung akzeptieren, aber sie sind zweifellos Inhalte der Bibel**.

In Marokko werden immer noch Schwule hingerichtet. Die vom Volk durch demokratische Wahlen akzeptierte Verfassung ermöglicht das. Auf Antrag Marokkos und Malis verurteilt die UNO nicht mehr ausdrücklich Hinrichtungen wegen der sexuellen Orientierung.

Noch im 20. Jahrhundert wurden kanadischen Indianern auf demokratischer Basis ihre Kinder weggenommen, um sie vor ihren „gottlosen, primitiven" Eltern zu schützen und ihnen eine „gute" christliche Erziehung angedeihen zu lassen.

In den USA gilt die Homosexualität bei den meisten Bürgern noch als eine behandelbare Krankheit und wird von Analytikern und Verhaltenstherapeuten natürlich ohne Erfolg angegangen. Die

Ursache dafür liegt in der verklemmten Sichtweise von Menschen, die einen absurden Glauben höher bewerten als die Plausibilität logischer Erkenntnisse. So sind die Erklärungsversuche dieser sexuellen Variante voll mit Ängsten und Schuldzuweisungen, aber leer von evidenzbasierten realistischen Einschätzungen.

Kaitlyn Hunt, eine 19 jährige Amerikanerin führt mit einer 14-jährigen eine lesbische Beziehung. In diesem harmonischen Verhältnis gibt es keine Abhängigkeit oder Gewalt. Dennoch riskiert sie eine **Gefängnisstrafe von 15 Jahren**, sollte Sie nicht auf ihre Liebe verzichten wollen. Ein arabisches Mädchen, das mit 14 Jahren zwangsverheiratet und vom oft doppelt oder dreifach so alten Ehemann permanent vergewaltigt wird, bekommt Probleme, wenn sie nicht damit einverstanden ist. Im September 2013 wurde in der jemenitischen Stadt Hardh die 8 jährige Rawan von Ihrem 45 jährigen „Bräutigam" in der Hochzeitsnacht vergewaltigt und verblutete an den dadurch verursachten Verletzungen. Ihr Vater hatte für die arrangierte Hochzeit 2000 Euro erhalten. Diese Beispiele beweisen: **Das Urteil der Mehrheit ist extrem fehlbar.**

Auswüchse der Gewalt und Intoleranz gegen Angehörige anderer Religionen, gegen Atheisten, aber auch gegen „feindliche" Varianten des Islam in einigen islamistischen, aber auch gemäßigten islamischen Ländern sind zur Genüge bekannt und machen fast täglich Schlagzeilen.

Seit Jahrhunderten versuchen aufgeklärte Menschen wegen den vielen durch religiöse Einflüsse verursachten Missständen, den **Laizismus**, d.h. eine Trennung von Staat mit seiner Politik und den Kirchen mit ihren Religionen durchzusetzen, um eine ungerechte und schädliche Einflussnahme und Diskriminierung durch **inakzeptable religiöse Moral-Phantasien** zu verhindern. Trotzdem wird noch in unserer Politik und Rechtsprechung auf die Bibel vereidigt, es werden vom Staat Kirchensteuern eingetrieben. Kleine Knaben dürfen aus religiösen Motiven selbst bei uns noch **straffrei am Penis beschnitten** werden, obwohl die Gefahren für eine befriedigende spätere Sexualität und sogar für das Leben der Kinder zur Genüge bekannt sind. Das Gesetz dazu wurde 2012 in nur 6 Monaten vom Gesetzgeber nahezu einstimmig durchgepeitscht. Hier wurde das Grundrecht der Kinder auf körperliche Unversehrtheit einer Tradition geopfert. **Den christlichen Kirchen war der Schulterschluss mit den Vertretern der „falschen" Religionen wichtiger als der Schutz kleiner Kinder.** Wo waren hier die „christlichen Werte" wie Mitleid, Nächstenliebe und Barmherzigkeit? In diesem Fall hätten wenigstens die Vertreter unserer „Demokratie" diese Minderheit wehrloser Kinder verteidigen müssen. Sie haben jedoch aus historischen und opportunistischen Gründen versagt. Die gleichen Politiker, die Neugeborene im Stich lassen, verbieten zu Recht Menschen unter 18 Jahren sich auf eigene Gefahr und nach eigener Entscheidung tätowieren zu lassen. Schizophrenie oder Gewissenlosigkeit? Jedenfalls kein laizistisches, demokratisches Handeln.

Kirchliche Organisationen wie die Diakonie und Caritas werden nahezu ausschließlich durch den Staat finanziert, beuten jedoch oft ihre Mitarbeiter schamlos aus und richten

sich nicht nach den Gesetzen des Staates bei Einstellungen, beim Tarifrecht, Streikrecht und bei Kündigungen. Kirchen erhalten noch regelmäßige Zahlungen, die auf die Säkularisierung Anfang des 19. Jahrhunderts zurückgehen, während Bedürftigen viele Sozialleistungen gekürzt wurden und werden.

Bei Katastrophen oder Unfällen mit mehreren Toten werden sogenannte Gottesdienste angeordnet und ohne explizite Zustimmung der beteiligten Familien durchgeführt. Bei **Besuchen eines Papstes** werden die **Kosten den Steuerzahlern aufgebürdet**, auch denjenigen, die nicht katholisch sind und ebenfalls denen, die zwar katholisch sind, aber mit dem Papst absolut nichts am Hut haben. Das ist besonders verwerflich in den Staaten, in denen ein Teil der Bevölkerung an Hunger leidet und keine ausreichende medizinische Versorgung hat. Hier ist es **unterlassene Hilfeleistung mit Todesfolge**, das für die **Not leidende Bevölkerung dringend benötigte Geld für Propagandafeldzüge eines reichen Kirchenfürsten** auszugeben.

Soldaten, Gegner, Kriege

Kriege werden angezettelt und schädigen auch in freiheitlichen Staaten eine Minderheit im eigenen Land: die **eigenen Soldaten, die zum Werkzeug degradiert** werden. Sie schädigen natürlich auch die gegnerischen Soldaten sowie die Bevölkerung des anderen Landes. Dieses „gegnerische" Land repräsentiert den **„bösen Feind"**. Korea, Algerien, Ungarn, Tschechoslowakei, Vietnam, Palästina, Afghanistan, Irak, Pakistan, Jugoslawien, Sudan, Kongo, Ruanda, die Schauplätze sind verschieden, die **Menschen-verachtung** der für die Kriege verantwortlichen Politiker ist die gleiche. Deprimierend ist die Tatsache, dass Politiker selbst mit Hilfe der unmittelbar zurückliegenden Geschichte sowie der Gegenwart nicht aus Fehlern lernen wollen oder können. Die Regierungen der USA sind hierfür beispielhaft. Die amerikanischen Kriegsveteranen von Korea über Vietnam und Afghanistan bis wahrscheinlich bald Syrien sind eine feste Größe in der amerikanischen Gesellschaft. **Leid und Gewalt** haben ihr Leben vergiftet und vergiften auch das ihrer Umgebung. Sie sind weitaus häufiger an Gewaltdelikten und schweren Autounfällen beteiligt als die Durchschnittsbevölkerung. Damit leiden sie nicht nur an den Folgen ihrer physischen Verletzungen, sondern auch an den Folgen der vielleicht noch schwerer wiegenden psychischen Wunden.

Unsere Politiker senden junge deutsche Soldaten unter anderem nach Afghanistan. Das ist inzwischen ganz „normal", nachdem uns **Peter Struck** schon vor Jahren darüber aufgeklärte, dass die **„Sicherheit" (häufig ungenau zitiert mit „Freiheit") Deutschlands auch am Hindukusch verteidigt** werden müsse. Der damalige inzwischen verstorbene Verteidigungsminister hatte diese originelle Idee um das Grundgesetz zu umgehen. Dieses lässt mit gutem Grund nur Verteidigungskriege zu. Vielleicht sollten wir die „Sicherheit" Deutschlands wieder einmal in Polen, Ungarn, der Tschechei, in Italien, Frankreich oder Kroatien verteidigen, wie es schon Hitler in aller „Unschuld" tat. Eine solche **pervertierte „Verteidigung"** rechtfertigt vieles. **Exekutionen** unbequemer Führer der Gegner, heutzutage elegant mit Drohnen zu lösen, wenn man denn auch die **Lizenz zum Töten, Pardon, zum Fliegen der Drohnen** besitzt. **„Kollateralschäden"** (schönes Wort für Verletzte und Ermordete in der Zivilbevölkerung) sind ja gar nicht so schlimm.

Um das von Sadat in Syrien verursachte Unrecht zu „bestrafen", will Obama mit Militärschlägen Menschen umbringen. Wenn in einem Fußballstadion Hooligans randalieren, ist es wohl das Beste, ein paar Handgranaten in die Menge zu werfen. Das beruhigt die Gemüter und trifft immer die Schuldigen. Sehr positiv ist zu werten, dass Obama im eigenen Land und der ganzen Welt starken Gegenwind hat. **Die Menschen haben aus dem Irakkrieg gelernt.**

Das andere Extrem: Kindesentführer, denen man den Aufenthaltsort ihrer Geisel unter **Androhung von Prügel** entlocken will, müssen **entschädigt** werden. **Polizeibeamte**, die das Leben eines Kindes höher bewerten als die „Ehre" eines Verbrechers, müssen **bestraft** werden.

Soldaten, bzw. **„feindliche Kämpfer"**, dürfen dagegen mit waterboarding, Pistolen an der Schläfe und Hochspannung an den Genitalien auf Anordnung höchster Kreise im Geheimen **gefoltert** werden. **Folter** ist doch auch zu unserer „Sicherheit" erforderlich, warum sollten wir ein schlechtes Gewissen haben, wo doch **Amerikaner, Russen, Chinesen und Israelis** uns solche Strategien nahezu tagtäglich vorleben. Folter ist vor allem gut, solange man sie geheim halten kann. Wird sie bekannt (wie eheähnliche hetero- oder homosexuelle Beziehungen katholischer Geistlicher), verliert sie ihre Unschuld und muss meist geahndet werden. Aber bestraft werden natürlich **nicht die „Anordner"**, sondern allenfalls **die „Ausführer"**, die „Bauernopfer", die „Kleinen". Kein aufrichtiger Mensch kann diese verlogene „Politik" mit ihren abstrusen und total widersprüchlichen Moralvorstellungen gut heißen!

Sterben bei kriegerischen Unternehmen deutsche Soldaten, gibt es betretene Gesichter bei den „Oberen", ein hoher

Staatsdiener wohnt dem Begräbnis bei, manchmal der Verteidigungsminister oder gar die Bundeskanzlerin persönlich. Es werden Gottesdienste gehalten, das macht die Sache akzeptabler und versöhnlicher. Was von der Kirche beweihräuchert wird, kann nicht unmoralisch sein. **Die Gefallenen werden zu Helden**, die das deutsche Volk gegen einen verabscheuungswürdigen, **feigen Gegner** verteidigt haben. Natürlich ist **ihr Leben nicht in einem weiteren sinnlosen Krieg nutzlos geopfert** worden, während die verantwortlichen Politiker es sich gut gehen ließen. Politiker werden schon gelobt und bewundert, wenn sie ab und zu bei (aus Sicherheitsgründen natürlich im Vorfeld geheim gehaltenen) Stippvisiten die Soldaten besuchen und damit in erster Linie **auf Kosten des Volkes ihr Image aufbessern** wollen. Den Soldaten oder gar der Mission entstehen dadurch keinerlei sachlichen Vorteile. Auch eine moralische Rechtfertigung der kriegerischen Operation kann dadurch nicht entstehen. Der Wahrheit geht es leider nicht wie der Hoffnung: sie stirbt zuerst. Feige und menschenverachtend ist für „die Anderen" reserviert, „die Bösen", „die Gegner". **Unsere Soldaten oder die der Ver-**

bündeten sind gut, tapfer und verantwortungsbewusst, auch wenn sie hunderte von Zivilisten umbringen oder Journalisten kaltblütig erschießen. Auch die Techniker in amerikanischen Kleinstädten, die über tausende Kilometer hinweg mit Drohnen Menschen töten, sind natürlich nicht feige. Dieses Attribut wird für den Feind und vor allem für **Selbstmordattentäter** und ähnlich egoistisches Gesocks reserviert.

Besuche von Politikern, die sich „ein Bild der Lage vor Ort" machen wollen, sind auch bei **Naturkatastrophen und schweren Unfällen mit vielen Toten** ein beliebtes Mittel, der Bevölkerung die Illusion zu geben, dass man handlungsstark und clever ist. Dass die **Rettungsarbeiten** durch solche **Show-Veranstaltungen** oft **behindert** und **verzögert** werden, wissen leider nur Insider.

Der im Dezember 2010 veröffentlichte „**Fortschrittsbericht**" über das deutsche Engagement in Afghanistan hat sicher mehr von einer „**Bankrotterklärung**" als von einem „Fortschritt". Westerwelle versuchte es als Erfolg zu verkaufen, dass

„schon" im November 2011 die ersten deutschen Soldaten aus Afghanistan abgezogen werden könnten. Mehr als 70 % der Deutschen waren im Februar 2010 dafür, den **Krieg in Afghanistan gleich zu beenden und unsere Soldaten abzuziehen**. Mehr als 80 % waren dafür, keinesfalls neue Soldaten in diese Krisenregion zu schicken. Beides **ignorierte die Regierung und führte so den Begriff der Demokratie ein weiteres Mal ad absurdum**.

Voraussetzungen für erfolgreiche Politiker

Was sind die **notwendigen Voraussetzungen** für einen Menschen, der als Politiker **Aussicht auf Erfolg** haben will? Eine sachliche Kompetenz ist es ganz offensichtlich nicht. **Phillip Rösler** war als Gesundheitsminister schon eine Zumutung, obwohl er als Arzt eigentlich eine gute Voraussetzung für diesen Posten hatte. Als Wirtschaftsminister ist er deutlich weniger kompetent. Seine zwanghafte Forderung nach **Steuergeschenken** kann inzwischen keinen Hund mehr hinter dem Ofen hervorlocken. Schon die meisten Bürger haben erkannt, dass es erst nach Rückzahlung unserer **immensen Schulden** verantwortlich sein kann, die Steuern zu senken. Inzwischen sind es mehr als 2 Billionen - **sie erdrücken uns nur deshalb noch nicht**, weil wir nur ca. die Inflationsrate als Zinsen dafür zahlen, d.h. eigentlich **keine Zinsen** zahlen - aber das kann sich natürlich sehr schnell ändern. Herr Rösler sollte sich dagegen darauf konzentrieren,

die **unverständlich hohen Staatsausgaben** zu senken.

Das **Interesse an seinem Ressort** spielt
bei der Besetzung einer politischen
Position mit großer Wahrscheinlichkeit
auch keine übergeordnete Rolle. Sonst
hätte **Dirk Niebel**, der sich vor einiger
Zeit dafür eingesetzt hatte, das
Entwicklungshilfeministerium ganz abzuschaffen, sicherlich nicht Entwicklungs-
minister werden wollen oder können.

Die wichtigste Eigenschaft, die man
braucht, um politische Ämter erfolgreich
auszufüllen, ist wahrscheinlich eine
äußerliche Eigenart, die einen hohen
Wiedererkennungswert garantiert. Im
Sinne des Marlboro-Cowboys oder des
HB-Männchens muss etwas Karrikaturales
ins Auge springen. Nimmt man die
Eigenarten von Bundeskanzlern und
anderer bekannter Politiker als Beispiel,
sind es die Unfallnarben im Gesicht von
Adenauer, die Wohlstandsbäckchen und
die Zigarre von Ehrhardt, der hohe
Haaransatz Brandts, die unerschütterliche
Frisur von Helmut Schmidt, die „Birne“
von Helmut Kohl, der Charme von
Gerhard Schröder, die Schultern von

Merkel, die mit Macht den Kontakt mit den Mundwinkeln suchen, die ewig mürrische Art von Schäuble, das Lächeln von Wowibärchen, die unverwechselbare Sprechweise von Christian Ude, der E.T.-Charme eines Joschka Fischer, der asiatische Austauschstudent Rösler, die pomadige Schönheit des Grafen zu Guttenberg - sie alle haben eine Art **„ungeschütztes, aber bekanntes Markenzeichen"**. Der dadurch geförderte **Bekanntheitsgrad** für eine Wahl ist offensichtlich wichtiger als die menschliche, fachliche und berufliche Qualität. Würde man den **schönsten Mann der Welt** wählen, wäre der Sieger vielleicht **Barak Obama oder der Papst**, weil **diese beiden extrem bekannt sind**. Wenn eine Milliarde Menschen sie kennen, brauchen nicht einmal 0,1 % für sie zu stimmen, um eine Million Stimmen auf sie zu vereinigen. Ein wirklich schöner Mann, den nur 1000 Menschen kennen und von diesen 100 % für ihn stimmen, erhält dagegen nur 1000 Stimmen, d. h. tausend Mal weniger. Man sieht, dass der **Wahlerfolg mehr mit dem Bekanntheitsgrad als mit Qualität** zu tun haben kann. Aus diesem Grund hat wahrscheinlich auch derjenige, der schon

Regierungschef war, größere Chancen, erneut ans Ruder zu kommen als der unbekanntere Herausforderer.

Was ist aber mit den Leuten, die **kompetent**, aber eher banal, verwechselbar, „**normal**" sind? Für einen exponierten Posten in einer Partei oder gar in der Regierung sind sie weniger geeignet. Wenn wir Glück haben, werden sie von den Politikern auserkoren, die komplizierteren Arbeiten zu übernehmen, gescheite Überlegungen anzustellen, kluge und bedeutsame Reden zu schreiben, Gesetzestexte zu entwerfen, günstige Entscheidungen zu treffen und diese in eine gute Politik zu integrieren, das heißt Aufgaben zu erledigen, die eigentlich die Politiker selbst übernehmen sollten. Ohne diese **Asmussens, Otrembas, Webers und Weidmanns**, um nur einige stellvertretend zu nennen, stünde es mit unserem Staat noch schlimmer als es jetzt schon steht.

Der Wähler/Bürger hat leider in der jetzigen Situation keine objektiven Kriterien, Sympathie und Akzeptanz gegenüber Politikern zu entwickeln. Die öffentliche Meinung ist extrem manipulierbar und manipuliert.

Der Wahlkampf und die Wahl

Am Anfang ist der so genannte Wahlkampf. Abgesehen von Schlammschlachten und falschen Versprechungen, die ebenso ärgerlich und desillusionierend wie verbreitet sind, verläuft er meist langweilig und bringt kaum nützliche Informationen zu den Kandidaten und deren Plänen. Zu **Selbstlob** und den bekannten **leeren Versprechungen**, den abschätzigen Äußerungen über die Konkurrenten und den nichts sagenden Floskeln kommt ein bewusstes Verschweigen von Problemen, anstehenden Steuererhöhungen oder Einschränkungen der Staatsleistungen hinzu. Mehr kann man leider nicht erwarten. Ausnahmen bestätigen die Regel. **Peer Steinbrück** sagte vor der Wahl 2009 ganz **bewusst gar nichts („Einen Teufel werde ich sagen")** - ehrlich, aber frech und für kritische Wähler inakzeptabel. Eines seiner Fettnäpfchen, in die er so gerne tritt. Von Steinbrück stammt auch die philosophische Einsicht: **„Eine gute Grundlage ist das Fundament für eine**

solide Basis". **Grundlage** ist vielleicht für ihn die Angewohnheit, **für unanständig viel Geld, mäßige Vorträge zu halten.** Das viele Geld dafür ist wohl das **Fundament** seines Reichtums, mit dem er sich und seiner Familie bestimmt ein Leben auf einer **soliden Basis** garantieren kann. Man sieht: Eine an den Haaren herbeigezogene Auslegung kann der wirrsten Äußerung noch einen Rest an Sinn einflößen.

Man könnte sich trösten: **besser keine Auskünfte als Lügen** und Phantasie-Gespinste. Richtig, so traurig steht es inzwischen schon mit unseren Ansprüchen an unsere Politiker. Vielleicht kennen Sie die Geschichte vom Politiker, der starb und bei Petrus vorsprach. Dieser zeigte ihm einen trostlosen Himmel und eine lustige, warme und gemütliche Hölle und stellte ihm frei, zu wählen. Er wählte die Hölle und war schockiert, als er am nächsten Tag eine kalte, ungemütliche und traurige Hölle vorfand. Auf seine lautstarke Beschwerde entgegnete Petrus: „Sie sollten als Politiker wissen: **Nach der Wahl ist nicht vor der Wahl!**"

Es gilt, einen Werbefeldzug zu ertragen, der das Niveau von Waschmittel- und Zigarettenwerbung oft nicht überschreitet. **Marketing ist oft wichtiger als gute Argumente**. Wenn ein phantasievoller, poppiger, jugendlicher Auftritt nicht erfolgreich ist, wie bei Guido Westerwelle vor vielen Jahren, versucht man es im nächsten Wahlkampf mit klarem, seriösem, „erwachsenem" Auftritt bei unveränderten Inhalten und hat damit plötzlich einen gar nicht so unerklärlichen Erfolg. Lange vor der Wahl werden Kandidaten gekürt, deren sachliche Fähigkeiten, wie schon oben ausgeführt, in der Regel keine Rolle spielen. Parteirang, Geschlecht, Alter, Bereitschaft zum Treten und Buckeln, Popularität und vor allem Erfolgsaussichten sind am wichtigsten. Manchmal hat sogar ein Kandidat besonders gute Chancen, wenn er eher **farblos und unterdurchschnittlich begabt** ist: Wenige Parteigenossen und Wahlgegner fürchten ihn und bekämpfen ihn. So ist wahrscheinlich unser physisch größter Bundeskanzler **Helmut Kohl** an die Macht gekommen. Diesem fiel es leicht, aufmüpfige Volksmassen aufzumischen, **seine intellektuelle Kapazität stieß dagegen schon früh an ihre**

Grenzen. Diesem Herrn konnte man ohne Zögern Ehrlichkeit zugestehen, als er verkündete, dass die deutsche Wiedervereinigung die Westdeutschen keinen Pfennig kosten werde. Er hatte einfach nicht genügend Weitsicht, um diese Frage realistisch beantworten zu können und um ähnlichen Unfug in seinen Reden zu vermeiden.

Wir zögern zu wählen, weil wir mit unserer Stimme nur zwischen schlecht und noch schlechter wählen können. Weil wir **mit der Wahl** für einige Jahre faktisch eine **Diktatur auf Zeit legalisieren**: wir müssen eine wahrscheinlich schlechte Politik ertragen, ohne die Möglichkeit einer Einflussnahme zu haben. Weil kaum Politiker an die Macht kommen, die wir für fähig halten und die wir sympathisch finden, falls es solche überhaupt gibt. Weil diese uns sympathischen Politiker vielleicht nicht einmal die Politik machen wollen, die wir für richtig halten. Weil vielleicht gar kein Politiker zur Wahl angetreten ist, der erstrebenswert erscheinende Ziele vertritt. In jedem Fall hat der Wähler, um ein altes Sprichwort abzuwandeln, mehr die Qual als die Wahl. Er fühlt die jahrzehntelange Frustration über schlechte, **überhebliche Politiker**, die dümmliche Äußerungen machen, z. B. „Wir werden die Arbeitslosigkeit besiegen!", „Wir werden bis 2011 einen ausgeglichenen Haushalt haben!", „mit uns wird es keine Steuererhöhungen geben", „Wir nutzen die Krise, um später besser da zu stehen als jetzt", „Wir stehen für Steuererleichterungen schon im nächsten Jahr". Sie heften sich **positive Entwicklungen** natürlich als ihre **eigenen Verdienste** an die Fahne, deklarieren die **negativen Entwicklungen** als schick-salhafte, **unvermeidliche Zufälle** bzw. äußere Einflüsse oder gar als Versagen der Konkurrenz. Sie beschimpfen und beleidigen sich gegenseitig in übelster Weise. Absichtliches Missverstehen der „Gegner" und **gehässiges Gehabe** ist an der Tagesordnung und sicherlich kein **Vorbild**. Sie verteilen Ämter, bzw. Aufgaben nach Parteiraison und Marketingstrategien und nicht nach Kompetenz.

Ursachen für die Misere

Woran liegt es eigentlich, dass wir so wenig Freude an unseren Politikern und an ihrer Politik haben können? Sind es die Politiker, die wegen irgendeiner Gesetzmäßigkeit oder irgendeinem Zufall eine **Truppe von Egoisten, Unfähigen und Unzuverlässigen** darstellt? Natürlich nicht. Allerdings lässt sich bis auf wenige Ausnahmen in den Politikern eine gewisse Selektion erkennen. Um ihr angestrebtes Umfeld angenehm empfinden zu können, unterscheiden sie sich in einigen Eigenschaften von der Durchschnittsbevölkerung. Überdurchschnittliche Intelligenz, Beharrungsvermögen, Anpassungsvermögen und Durchsetzungsvermögen zählen zu den positiven Auslesefaktoren. Die negativen Eigenschaften sind Narzissmus, Überheblichkeit, Machtstreben, eine Kämpfer-Mentalität, Egoismus Radfahrerverhalten (nach oben buckeln, nach unten treten) und ein Mangel an Einfühlungsvermögen. Außer diesen **genetisch und von der bisherigen persönlichen Entwicklung beeinflussten Eigenschaften** entwickeln sich unsere Politiker auch wegen ihrer beruflichen Umgebung und Karriere oft zum Negativen. Sie werden von ihrem Beruf **deformiert**. Aus dem rührenden Revoluzzer **Joschka Fischer**, voller Ideale, der gar nicht wusste, wo er zuerst hin prügeln sollte um die Welt zu verbessern, wird ein aufgeplusterter Pfau, der sich im öffentlichen Interesse badet, der lange Jahre entgegen den Grundsätzen der Grünen auf seiner Machtposition beharrte und dessen Ambitionen inzwischen mehr auf **Geld und Sex** konzentriert zu sein scheinen, als auf die Verwirklichung herer Ziele. Aus dem mäßig erfolgreichen Kanzler **Gerhard Schröder**, der sich anfangs immerhin sozial und sozialdemokratisch engagierte, wird am Ende seiner Amtszeit ein **hoch bezahlter Manager** eines russischen Konzerns. Der hilfsbereite Anwalt für die Schwachen, Unterprivilegierten und für Weltverbesserer **Otto Schily** wurde ein überheblicher, an der Macht klebender, intoleranter und in seiner professionellen Umgebung **gefürchteter Choleriker**. Diese Veränderungen resultierten offensichtlich aus den Einflüssen während ihrer aktiven Zeit: sie hatten keine

artgerechte Umgebung, um sich positiv zu
entwickeln.

Positive Aspekte

Gerechterweise muss man anerkennen, dass Politiker sich auch in seltenen Fällen treu bleiben, sich sogar in ihren **Ansichten und ihrem Streben positiv entwickeln** können. So ist aus dem aufrechten, aber eher unauffälligen Sekretär der CDU **Heiner Geißler** nach seiner politischen Amtszeit ein engagierter Streiter für Gerechtigkeit geworden. Er vermittelte schon in Tarifstreitigkeiten, im Konflikt um Stuttgart 21 und ist ein bewundernswerter Kämpfer für Unterprivilegierte im nationalen und internationalen Rahmen. Der amerikanische Politiker **Al Gore** setzt sich beispielhaft für Umweltbelange ein. Uruguays Präsident **Jose Mujica** lebt auf einer bescheidenen Farm außerhalb Montevideos und gibt 90 % seines Gehalts für gute Zwecke aus.

Leider sind solche Menschen nur die berühmten Ausnahmen von der Regel. Die Regel ist leider, dass von wenig kompetenten und sich wenig verantwortlich fühlenden Menschen eine schlechte Politik gemacht wird.

Zweifelhafte **„Qualitäten"** der Politiker können für das Volk auch **Nachteile** mit sich bringen. Einige Politiker haben so viel **psychologisches Gespür**, dass ihnen kleine Wunder gelingen. Vor allem in der Kommunalpolitik hat es sich eingebürgert, den Menschen **Dinge wegzunehmen**, die sie seit Jahrhunderten besitzen und sie ihnen **teuer zu verkaufen** oder zu vermieten. Der springende Punkt dabei ist, dem Betroffenen das Gefühl zu geben, gewonnen zu haben. So werden in vielen Städten Parkplätze enteignet und sind nur noch gebührenpflichtig zu benutzen oder sie werden gar für Nichtanwohner gesperrt. Auf die Parkgenehmigung haben allerdings nur die Anwohner ein Recht, die keinen Garagen-Parkplatz oder Stellplatz besitzen oder gemietet haben. Anstatt sich zu beschweren und die verantwortlichen Politiker bei der nächsten Wahl abzustrafen, geben die Garagenbesitzer mit ein wenig schlechtem Gewissen und viel Genugtuung an, keine Garage zu besitzen. **Sie zahlen gern ihren jährlichen Obolus und haben ihre Parklizenz. Sie sind subjektiv die**

Gewinner. Die hoch verschuldete Stadt hat das, was sie wollte: ihr Geld. Sie hat auch, sogar objektiv gewonnen. So können psychologische Tricks Harmonie und hohe Einnahmen gleichzeitig erzeugen. Wie gesagt: ein kleines, etwas trauriges Wunder.

Wie kann man die Politik verbessern?

Nach so viel Kritik ist es jetzt endlich an der Zeit, konstruktive Verbesserungsvorschläge zu machen.

Verbesserungsmöglichkeiten am Bürger

Man sollte ein Mindestmaß an **reifer und kompetenter Urteilsfähigkeit** vom Wähler, bzw. vom Bürger einfordern. Allein mit einer Altersbeschränkung des aktiven Wahlrechts ist das sicher nicht zu verwirklichen.

Man könnte die Wahlberechtigten einmal jährlich oder in regelmäßigen Abständen, z. B. alle 4 Jahre vor den Wahlen auf ihr **politisches Wissen und eventuell auf ihre Verfassungstreue hin überprüfen.** Beim Verfehlen der Mindestpunktzahl wären Schulungen erforderlich, bis der Bürger ein Mindestmaß an politischer Bildung besitzt. Erst dann wird das Wahlrecht aktiviert. Ähnliche Tests macht man schließlich auch mit Ausländern, die eingebürgert werden wollen.

Man könnte in der **Schule** schon früh politische Bildung als ein Fach einführen, das sich nicht in der fernen Geschichte oder in allgemeinen Definitionen verliert, sondern in dem auch aktuelle Probleme und Projekte behandelt werden.

Man könnte im **Fernsehen** eine möglichst objektive Sendung ausstrahlen, die interessante und wichtige politische Themen in regelmäßigen Abständen, zum Beispiel wöchentlich immer zur gleichen Zeit behandelt.

Verbesserungsmöglichkeiten am Politiker

Es sollte eine an die Aufgaben adaptierte **Auswahl** der Politiker zum Schutz der Bürger und zur Steigerung der Effektivität geben.

Für die Auswahl ist **Transparenz** ein wichtiger Faktor. Selbst kleine Angestellte, Soldaten, zweifelhaft Verkehrstüchtige, potentielle Versicherungsnehmer, höhere Angestellte, Manager, Einzubürgernde,

Studienanfänger und Beamte werden allen möglichen **psychologischen, physischen und das Wissen prüfenden Tests** unterzogen. Arbeitgeber, Versicherungen, Schulen, Universitäten und der Staat sehen das als eine wertvolle und legitime Möglichkeit an, von vornherein bestimmte Basisinformationen zu haben und eventuell im Vorfeld schon die Spreu vom Weizen zu trennen. Politiker sind unsere Angestellten. Sie bekommen einen Auftrag von uns und werden von uns bezahlt. Warum haben wir dann nicht auch die Möglichkeit, schon vor unserer Entscheidung am Wahltag die wichtigsten Eigenschaften der Kandidaten zu kennen: **Intelligenzquotient, wichtige Charakterzüge, Improvisationsfähigkeit, Multitasking-Fähigkeit, Wissen im Allgemeinen und auf ihren Fachgebieten, Durchhaltevermögen, finanzielle, moralische und physische Abhängigkeiten, Risikobereitschaft, körperliche Leistungsfähigkeit und Gebrechen, Vorstrafen, bisherige Tätigkeiten, Hobbys, Besitz- und Familiensituation?** Diese Eigenschaften haben nicht nur auf die Qualität ihrer Arbeit einen Einfluss, sondern auch auf die Gefahr der Bestechlichkeit und Bestechung, Vorteilnahme und moralischem Verhalten. Selbstverständlich sollten die potentiellen Politiker ein Auskunftsverweigerungsrecht haben – dann kann der Wähler immer noch entscheiden ob er die „Katze im Sack" kaufen will oder Ehrlichkeit und Offenheit honoriert.

Die Aufstellung zur Wahl sollte einzig diese **menschlichen und fachlichen Voraussetzungen** für eine gute Leistung in speziell der angestrebten politischen Funktion berücksichtigen. Geburtsdatum, Schönheit, Reichtum, Titel, ein Frauen-, Schwulen-, Religions-, oder sonstiger Proporz, Farbe und Dicke des Parteibuches sollten keine Rolle spielen.

Die Wahl von Parteien und Menschen ist vom Prinzip her eigentlich unlogisch. Wir wollen in unserem Staat keine Personen und Klüngel. Wir wollen, dass bestimmte Leistungen erbracht werden. Parteien für Unternehmer, Arbeiter oder religiöse Gruppen polarisieren, kämpfen für die eigene Interessensgemeinschaft und damit gegen die Interessen der anderen. Weltverbesserer, Religiöse, Umweltschützer und programmlose Protestierer sehen die Dinge oft zu einseitig. Um Stimmen zu maximieren, **verlieren die Parteien daher immer mehr ihre Identität und werden zur eierlegenden Wollmilchsau**. Die SPD ist keine Arbeiterpartei mehr, die FDP hätschelt nicht mehr nur die Unternehmer, die CDU hat nicht mehr vor allem die weibliche Landbevölkerung als Zielgruppe, deren hauptsächliche Informationsquelle der Pfarrer war, die Grünen sind keine Umweltpartei mehr. Nahezu alle Parteien haben ihr Gesicht verschleiert, ihr Programm normiert und die gesamte Bevölkerung als Zielgruppe angepeilt. Das vermindert zwar die Polarisierung der Gesellschaft, aber es macht die entstehenden verwechselbaren Programme weitgehend nutzlos bei der Auswahl der zu wählenden Partei. Wird uns im Restaurant ein Speisezettel der Mahlzeit überreicht, den wir akzeptieren müssen? Wird uns eine Liste mit Köchen vorgelegt, von denen wir uns einen aussuchen müssen? Nein, wir geben all das an, was wir essen und trinken wollen. Können unsere Wünsche nicht erfüllt werden, gehen wir woanders hin. Kommt ein Architekt und zeigt uns die Pläne unseres neuen Hauses, die wir akzeptieren müssen? Nein, wir geben unsere **Wünsche**

und Vorstellungen an und urteilen dann auf Grund von **Angeboten**, welcher Architekt und welche Baufirma unser Projekt am besten und günstigsten verwirklichen kann. Im Vorfeld der Wahl werden uns Programme angeboten, die natürlich in ihrer Komplexität niemanden völlig zufrieden stellen können. Außerdem weiß inzwischen auch der letzte Bürger, dass diese **Programme absolut gar nichts mit den Plänen und Möglichkeiten der Urheber** zu tun haben müssen.

Dem Wähler geht es wie dem oben erwähnten Politiker, der nach seinem Tod die attraktive Hölle wählt und am Tag nach der „Wahl“ erkennt, dass er Wahlversprechen aufgesessen ist, dass vor der Wahl eben nicht nach der Wahl ist und dass man sich auf das Wort eines Politikers in aller Regel nicht verlassen kann!

Warum hat der Wähler nicht die Möglichkeit, seine Wünsche in einem kleinen Katalog zu äußern, bzw. anzukreuzen und die Parteien machen ihr Angebot, d.h. ihre Lösungsvorschläge? In der Wirtschaft ist es auch Gang und Gäbe, „**Ausschreibungen**“ zu machen, Angebote einzuholen und dem Bewerber mit dem besten Kompromiss aus Sachverstand, Qualität, Vertrauenswürdigkeit, Schnelligkeit und Preis die Aufgabe zu übertragen. Es sollte, global gesagt, in der Politik wie auf vielen anderen Gebieten sein: **es ist nur wichtig, was gemacht wird und wie es gemacht wird, aber völlig unwichtig von wem**. So könnte man auch als Nebeneffekt den **störenden Personenkult** überwinden, der oft die Länder auf bestimmte Personen reduziert. Deutschland ist eben nicht Merkel, die USA sind nicht Obama, Russland ist nicht Putin usw.

Ein weiterer wichtiger Punkt, der zu ändern wäre, ist die Endgültigkeit der Wahlentscheidung. Seit Jahrhunderten gibt es auf allen Ebenen der Beschäftigung eine **Probezeit**. Warum haben Regierungen nicht eine Probezeit von z.B. 6 Monaten und warum müssen sie nicht nach dieser Probezeit bei offensichtlichem Versagen ihren Hut nehmen? Mit einem Politiker es ist schließlich nicht so einfach wie mit einem **Telefonhörer. Wenn man sich verwählt hat, kann man ihn aufhängen**. Politiker kann man heutzutage nicht aufhängen, auch wenn man sich total

verwählt hat. Sonst riskiert man große
Probleme.

**Nur eine „artgerechte Haltung" der
Politiker ist der Schlüssel zum Erfolg.**
Die Leistung sollte sich in einer adäquaten
Belohnung widerspiegeln. Zur zuver-
lässigen **Evaluierung der Leistung**
sollten Politiker einen aktiven Chip
implantiert bekommen. So kann man
aufgrund des Bewegungsprofils eindeutig
feststellen, wann, wo und ob sie arbeiten.
Sind zwei Chips, auch gleich-
geschlechtlicher Politiker auffallend
häufig abseits der Öffentlichkeit am
gleichen Ort, sollte sofort die Klatsch-
Presse davon informiert werden.

Es ist darauf zu achten, dass die Politiker
eine möglichst gute körperliche Verfassung haben. Dazu sollte täglich, z.B. in
der **Mittagspause eine Stunde Sport**
ermöglicht werden. Auf Antrag sollten die
Politiker an ihrer Arbeitsstätte ein
Fitnessstudio angliedern dürfen. Wöchentlich sollten die Politiker gewogen und
gemessen werden und in ihr **Zeugnisheft**
einen Stempel mit ihrem BMI erhalten.
Wenn es schon seit einigen Jahren eine
solche Gesundheitsförderung im öffent-

lichen Dienst gäbe, hätte Jürgen Trittin vielleicht keinen **Herzinfarkt** und Matthias Platzek keinen **Gehirnschlag** erlitten, einige Altgediente hätten wahrscheinlich auch **ohne Alkohol** die Fähigkeit, sich zu entspannen und viele Politikerinnen und Politiker, allen voran Herr Altmaier, könnten ihre Kleidung 1 bis 2 **Konfektionsgrößen kleiner** wählen. Dann hätte Herr Altmaier nach seinen öffentlichen Auftritten und spektakulären **Zeichensetzungen wie im Tierheim, wo der Affe von Justin Biber** unterkam, vielleicht sogar noch genügend Energie, mehr **sinnvolle Programme zum Umweltschutz** in Gang zu bringen.

Einmal wöchentlich donnerstags sollten sie sich in der Kantine mit Gemüse begnügen. So könnten sie die Erfindung der Grünen, den **Veggie-day**, im Parlament erproben und wenn sich genügend Stimmberechtigte finden, die sich **auch noch beim Essen bevormunden lassen wollen**, könnten sie ein Gesetz machen, das dem Volk eine entsprechende Bevormundung, Pardon, Ernährung vorschreibt. Natürlich muss dann auch gerechterweise einmal wöchentlich ein **Bloody-day** vorge-

schrieben werden, an dem auch die
Vegetarier und Veganer nichts anderes
bekommen als ein **halb-rohes Rinder-steak**.

Einmal wöchentlich sollte ein
Antikriegsfilm wie „Apocalypse now",
„Wege zum Ruhm", „Die Brücke",
„Lebanon" oder ähnliche Streifen gezeigt
werden, für Klaustrophobe auch „Das
Boot". Damit könnte man die
Abstimmungsergebnisse über Kriegsein-sätze entscheidend beeinflussen.

Obwohl wir nicht in Russland oder Polen
leben und unsere Politiker nur selten
betrunken in der Öffentlichkeit erscheinen,
sollten doch regelmäßige
Alkoholkontrollen durchgeführt werden.
Experten sagen: **Ohne Alkohol kann das
Gehirn einfach schneller und
zuverlässiger arbeiten und es passieren
weniger Stürze.** Bei mehreren positiven
Messungen sollte der nächste Urlaub in
eine Entwöhnungs-Behandlung umfunk-tioniert werden.

Einmal monatlich sollte eine **Haarprobe**
Aufschluss über Doping, bzw. Drogen-konsum geben. Stichproben haben

ergeben, dass an nahezu allen Geld-
scheinen im Bereich des Parlaments
Spuren von **Kokain** zu finden sind.

Die **Dienstwagen** der Politiker sind außer
Betrieb zu nehmen und zu verkaufen.
Wenn der neue Papst schon häufig
öffentliche Verkehrsmittel benutzt, ist das
unseren Oberen auch zuzumuten. Jeder
sollte ein **Dienstfahrrad** erhalten, Kranke
und Übergewichtige sollten einen
elektrischen Hilfsmotor bekommen. Ich
bin gespannt, ob auch Fahrräder ohne
Hilfsmotor in Betrieb genommen werden
können.

In einigen Systemen, müssen Politiker
morgens ihre **Anwesenheit nachweisen**,
um ihre Prämie für den Tag zu bekommen.
Für diese Politiker sollte es **elektrische
Halsbänder** geben, die nur von
Spezialisten entfernt werden können und
die nach dem „Einchecken", d. h. dem
Honorarfluß, automatisch für die
vorgesehene Arbeitszeit scharf gemacht
werden. **Verlässt der Abgeordnete das
Parlament, erhält er einen leichten
Schlag als sanfte Erinnerung an seine
Pflichten**. Bei mehr als 200 Meter
Entfernung erhält er einen Schlag mit

einer Intensität, die seine Motivation zurückzukehren, erheblich vergrößert. Wenn man dann Abgeordnete in mehr als 200 m Entfernung vom Parlament rauchen sieht, ist das nicht etwa eine Zigarette oder der Kopf vom intensiven Nachdenken – es ist der Hals, der sich durch elektrischen Einfluss auf sehr unangenehme Temperaturen erwärmt.

Montags morgens sollte es einen gemeinsamen Appell geben, an dem alle Anwesende **„Imagine"** von John Lennon singen dürfen. So ist gewährleistet, dass die meisten rechtzeitig aus dem Wochenende und den Federn kommen und die Anwesenden werden sich durch den Text des Liedes bewusst, dass in der Politik **religiöse, nationalistische oder wirtschaftliche Klüngel** nichts zu suchen haben. Nichtanwesenheit führt zu einem Punktabzug.

Analog zu den Gesetzen, die kleinen Beamten und städtischen Angestellten verbietet Geschenke und Geldzuwendungen anzunehmen, sollten Politiker natürlich auch **keine Geldgeschenke** annehmen dürfen. Auch dann nicht wenn versucht wird, sie durch „Leistungen" wie

Vorträge oder die Anwesenheit allein zu rechtfertigen. **Ein Stundenlohn von bis zu 10.000 Euro sollte zu 100 % in einen Fond für die gerechte Entlohnung von Pflegepersonal abgeführt werden.** Der unanständige Großverdiener erhält zusätzlich einen Punktabzug. Ein Stundenlohn über 10.000 Euro sollte mit einer gebührenpflichtigen Verwarnung vom Doppelten der Gesamt-Einnahmen geahndet werden.

Bayern hat in der Beziehung von Politikern zur Industrie inzwischen eine positive Vorreiterposition. Nachdem in der nicht allzu weit entfernten Geschichte **Franz Joseph Strauß** der bekannteste Hersteller von Filz zwischen Politik und Industrie war, mahnt inzwischen **Horst Seehofer** an, endlich die **UN-Konvention gegen Korruption**, die von den meisten achtbaren Staaten schon 2005 ratifiziert wurde zu akzeptieren. Dann können nicht nur Politiker belangt werden, die ihre Stimme verkaufen, sondern auch solche, die von der Industrie für Begünstigungen und Lobbyarbeit bezahlt werden. Ich denke, die Gefahr, dass durch die **Bestechung von Politikern** grobe Ungerechtigkeiten entstehen, ist sicher etwas größer als durch die „Bestechung" von Arbeitern der Müllabfuhr. Trotzdem werden Letztere bei Geldzuwendungen bestraft, Politiker dürfen bisher ungestraft die Hand weit aufhalten. Offensichtlich sind sie die Gleichesten im ganzen Staat, während die anderen nur gleich sind.

Es ist **gegen jede Logik** und gegen geforderte und notwendige Regeln in der Wirtschaft (s.a. die Skandale um die Managergehälter und -Boni), aber auch gegen die Effektivität der **Politiker**, dass sie sich ihre **Gehälter selbst festlegen.** Das macht sie nur träge und gierig. Eine unabhängige Kommission oder ein **Volksentscheid**, welche die **Gehälter** festlegt, sollte auch die Interessen des Volkes als Arbeitgeber berücksichtigen. Ein **anfangs eher bescheidenes Gehalt sollte bei guter Arbeit** (nicht schnelle, flüchtige Erfolge, sondern nachhaltige Besserung der Situation ist das Ziel) **deutlich angehoben werden**, bei **schlechter Arbeit** sollte das Gehalt empfindlich gekürzt werden. Unabhängige Beobachter-Kommissionen sollten nicht nur **Anspruch und Ergebnis** der Politik zeitnah verfolgen, d.h. für die **Qualitätssicherung** zuständig sein, sie sollten auch die Regierung und alle anderen Abgeordneten auf ihr Verhalten (Fleiß/Faulheit, Geschicklichkeit, Toleranz, Wissen/Unwissenheit, Kompromissfähigkeit, aber auch Bestechlichkeit, Bestechung, Untreue, unwürdiges Verhalten, Ungerechtigkeit, Lügen, üble Nachrede, Verschleierung und Ähnliches) permanent überwachen. Ein **Punktesystem** wie für die Führerscheinbesitzer in Flensburg und eine laufend aktualisierte Seite im Internet sowie ein jährliches „Schwarzbuch" zur Information der Bürger könnte die Moral und den Arbeitseifer der Politiker enorm beflügeln. **Seit langem weiß man, dass „beobachtete" Menschen „bessere" Menschen sind, dass sie hilfsbereiter, ehrlicher und fleißiger sind.**

Wir haben ein Grundgesetz. Mindestens ebenso wichtig wären einige durchgehend gültige Grundsätze:

„Die 21 Gebote" für Politiker.

Diese könnten sein:

§1 Du und Dein Land, Ihr sollt nicht über Eure Verhältnisse leben! Rückzahlung der

immensen Schulden von 2 Billionen Euro
ist vorrangig, ehe uns deutlich höhere
Zinsen in die Insolvenz treiben!

§2 Du sollst Dir keine unberechtigten
Privilegien ergaunern! Lass Dich nicht
schmieren und besteche niemanden! Suche
nicht nach Gesetzeslücken, um Dich zu
bereichern! Verantwortung steht auch
Politikern nicht schlecht.

§3 Du sollst Dich auch für zukünftige
Generationen sorgen, auch wenn Du keine
Nachkommen hast! Verantwortlichkeit ist
nicht auf die Regierungszeit beschränkt!

§4 Du sollst nicht mit allen Mitteln die
Bürger aussaugen! Du förderst damit nur
Schwarzarbeit und Steuerbetrug. Freunde
Dich besser mit den Bürgern an, anstatt
sie nur als Einnahmequelle
wahrzunehmen!

§5 Dein Gott soll nicht Wachstum (in
Deinem Hirn: mehr Steuereinnahmen)
sein! Auch in der Wirtschaft gibt es keine
unendlichen Schneeballsysteme! Denke an
Praktiker: Wachstum durch Schulden führt
in die Pleite.

§6 Du sollst auch zu nationalen und internationalen Konkurrenten fair sein! Wie man in den Wald hineinruft, so hallt es wieder heraus. Nur ausgestattet mit Empathie wirst Du akzeptiert und kannst effektiv sein.

§7 Du sollst das Volk nicht für dumm verkaufen! Es gibt darin klügere Menschen als Du es bist! Wenn diese Leute nicht am Ruder sind, liegt das oft daran, dass sie nicht so geltungssüchtig sind wie Du!

§8 Du sollst in jeder Hinsicht ein gutes Beispiel geben! Nicht etwa in Frömmelei oder Bigotterie, sondern in ethischem Verhalten, durch Respekt vor anderen und Toleranz von Andersartigem, das weder gefährlich noch belästigend ist.

§9 Du sollst nachvollziehbare, plausible Argumente und keine pseudologischen Verdrehungen, Anschuldigungen und Ausreden vorbringen! Ein Fehler kann nie durch einen anderen Fehler gerechtfertigt werden.

§10 Du sollst Dich an den Wert von Zuneigung und Achtung erinnern! Oft sind

das Grundvoraussetzungen für Fortschritte und Lösungen in der Politik! Demütigungen machen böses Blut und sind kontraproduktiv!

§11 Du sollst Deine Grenzen kennen und respektieren! Es gibt bei Dir nicht nur physische und emotionale Grenzen sondern auch intellektuelle! Es offenbart Größe, diese zuzugeben.

§12 Du sollst hinterhältige Taktiken durch ehrliche Kommunikation ersetzen! Auch gezielte Missverständnisse sind wenig erfolgreich. Beherzige den Grundsatz: „Ehrlich währt am längsten!"

§13 Du sollst lernen, Deine Fehler und Schwächen zu erkennen, sie zuzugeben und zu korrigieren! Erst dann hast Du ein genügend großes Selbstbewusstsein, um Deinen Job gut zu machen! Nimm Dir Inspektor Columbo als Vorbild!

§14 Du sollst die physische, aber auch die psychische Freiheit anderer achten! Nicht Deine Meinung ist Maß aller Dinge! Du sollst keine Vorurteile und Tabus übernehmen! Sei kritisch auch gegenüber Traditionen und Religionen!

§15 Du sollst Menschen nicht als Werkzeuge betrachten, um Deine Ziele zu erreichen! Wenn Deine Sicherheit irgendwo in Gefahr ist, gehe selbst hin um sie zu verteidigen, von mir aus dorthin, wo der Pfeffer wächst!

§16 Du sollst auch die Interessen der Bevölkerung verteidigen! Mach Dir klar: Du bist Angestellter und Vertreter des Volkes und nicht dessen Melker und Herrscher!

§17 Du sollst nicht Einfluss nehmen auf die Rechtsprechung! Auch wenn das manchmal notwendig erscheint wie im Fall Mollath! Die elementaren Grundsätze der Verfassung sind zu respektieren!

§18 Du sollst Spesenabrechnungen ehrlich gestalten und für Deine Freizeitvergnügungen selbst aufkommen! Wenn Du ein Fußballspiel oder den Papst sehen willst, mache das in Deiner Freizeit und auf Deine Kosten!

§19 Du sollst auch Deine untergeordneten Mitarbeiter respektvoll und höflich behandeln! Sie werden dadurch lockerer

und effektiver. Kein Mensch sollte sich auf Kosten anderer erhöhen.

§20 Du sollst auch ohne gesetzlichen Zwang die Interessen Deines Landes im Auge behalten! Aber es ist ohne Nachhilfe sehr schwer. Nicht viele von Euch werden das ohne ein Punktesystem und eventuelle Sanktionen durchziehen können.

§21 Dein Gehalt ist der Gegenwert für Deine ganze Arbeitskraft. Verkaufe sie daher nicht ein zweites Mal an andere Geldgeber! Du würdest Eigentum des Volkes verkaufen! Einen Sitzplatz kannst Du auch nicht an zwei Personen gleichzeitig verkaufen! Die Abende sind zur Regeneration da und nicht zum Einsammeln von Honoraren.

Natürlich wird sich niemand an diese **Gebote** halten, nur weil man sie bekanntmacht und ihre Einhaltung empfiehlt. Man muss vielmehr Bedingungen schaffen, dass die Einhaltung dieser Regeln **Vorteile**, die Nichteinhaltung **Nachteile** bzw. den Entzug von Vorteilen nach sich zieht. Ein Belohnungs- bzw. Bestrafungs- System könnte sich an Notensystemen der Schule orientieren. Drei könnte neutral sein, darüber könnten Belohnungen winken, darunter Bestrafungen. Eine drei hätte eine konstante Entlohnung zur Folge, 4, 5, 6 einen Abzug von 10, 20, 30 %, 2 und 1 eine Erhöhung um 15 bzw. 30 %. Bei deutlichen Schwächen sollte eine **Abmahnung** die eventuelle **Kündigung** bei ausbleibender Besserung anbahnen.

Um ausreichende Transparenz zu haben, sollte man den **gläsernen Politiker** schaffen. Der gläserne Bürger ist der Vorläufer, der schon heute immer mehr zur Realität wird.

Offensichtliche Fehler sollten von informierten Bürgern dem ganzen Volk bekannt gemacht werden. Die z.Z. beschäftigten Beamten könnten ohne Probleme um 5 bis 10 % vermindert werden. Noch besser wäre allerdings, die **Gewohnheit zu durchbrechen, den Beamten mit der Zeit immer mehr Geld und immer weniger Arbeit zu geben**. Mit den eingesparten Summen könnte man eine ganze Armada von „**Whisleblowern**" einstellen, die den Politikern hauptamtlich auf die Finger schauen und dafür sorgen, dass bei guten Gründen auch kräftig auf diese geklopft wird.

Wenn z.B. ein **Kultusminister** den Stern oder die Ringe auf seiner Nobelkarosse für künstlerisch wertvoller erachtet als die Tätigkeit von **Tänzern, Musikern und Sängern**, die in Jahrtausende alter Tradition den Menschen Freude und Ausgeglichenheit bringen, wenn **mit Unsummen die Städte Gesetzes halber mit teilweise abstoßenden Machwerken verschandelt werden,** weil bei jedem öffentlichem Gebäude ein gewisser Prozentsatz für so genannte „Kunst" ausgegeben werden muss, dann sollte den Politikern konsequent Einhalt geboten werden. Menschen mit einer wichtigen Funktion für die Volksgesundheit wegen Geldmangels ihre schlecht bezahlten Stellungen zu kündigen und sich selbst im Luxus zu aalen, das ist nicht akzeptabel. **Im Zweifelsfalle sollte man eher auf diese gierigen Kraken der Kultusministerien verzichten als auf die Kultur selbst. Es ist ein ganz alter Zopf, dass sich die Kulturhoheit der Länder auch auf das Schulsystem und die Universitäten erstreckt. Es wäre sinnvoller, sich nicht nur bundesweit**

sondern international auf entsprechende Standards zu einigen.

Es wäre auch sicher nützlich, unsere finanziellen Maßstäbe der Realität anzupassen. Solange viele arbeitenden Menschen und fast alle **Rentner** zu wenig Geld bekommen, um davon würdig und dezent leben zu können und bis zu ihrem Ableben am Existenzminimum schrammen, ist der **ausufernde Luxus in der Politik (und übrigens genauso im Management der Industrie) unanständig**. Anstatt sich frustriert mit überbezahlten Managern zu vergleichen, hätte man schon längst Gesetze erlassen müssen, die Leute wie **Ackermann, Esser, Wiedekind** oder auch **Steinbrück** auf ein Gehalt reduzieren, das sie auch „verdienen".

Sich für lausige Arbeit wie bei Stuttgart 21, dem neuen Berliner Flughafen oder für das großkotzige, aber **dilettantische Zocken beim Bankenkauf** wie bei der **Hypo Alpe Adria** fürstlich bezahlen zu lassen, ist Untreue dem Steuerzahler gegenüber. Solches Verhalten sollte einschneidende **strafrechtliche Konsequenzen** haben.

Aussichten

Nicht diejenigen sind bewundernswert, die mit unfairen, egoistischen und unsachlichen Manipulationen Macht und zweifelhaften Ruhm ergattern. Man sollte Orden nicht denen verleihen, die skrupellos und „effektiv" möglichst viele Feinde umgebracht haben oder ihre Ermordung logistisch geleitet haben; auch nicht denen, welche die nationale oder internationale Atmosphäre vergiftet haben. Die **mentale Umweltverschmutzung ist mittelfristig bedrohlicher als die physische**. Man sollte eher denjenigen Orden verleihen, die mit Besonnenheit, Respekt vor den anderen und einer **klugen Strategie Konflikte ohne Gewalt beseitigen;** denjenigen, die durch Zuhören und Akzeptieren Vertrauen schaffen und Kriegen den Nährstoff entziehen. **Nicht das Gewinnen von Kriegen sollte gefeiert und belohnt werden, sondern das Verhindern**. Ein provokativer, aber sehr kluger Satz aus den 60 er Jahren lautet: „Was ist, wenn Krieg ist, und niemand geht hin?" Man sollte noch einen Schritt weiterdenken: **Was ist, wenn**

Krieg sein soll, aber die Politiker rüsten ab? Viele dümmliche Wichtigtuer fordern vom „kleinen Mann" Zivilcourage und eine oppositionelle Haltung gegenüber kriegstreiberischen Herrschern (z.B. unter Napoleon, Mussolini, Hitler oder Bush). Man könnte genauso fordern, dass Schiffbrüchige im Ozean einfach die nächsten tausend Kilometer weiter schwimmen sollen, um sich zu retten. Man sollte die Realität nicht ausklammern, um sich mit lächerlichen Forderungen interessant zu machen.

Wenn man eine Aussicht auf eine bessere Politik haben will, müssen die Bedingungen geändert werden, unter denen die Politiker und dann natürlich auch die Bürger positiv handeln können. Diese Bedingungen zu ändern, ist allerdings in unserem „demokratischen" System kaum möglich. Nur Politiker hätten z.Z. die Möglichkeit dazu. Natürlich werden sie „einen Teufel" tun, um es mit Steinbrück zu sagen. Es sind folglich auch nur Politiker wählbar, die unsere pervertierte Politik stabilisieren. Es wird wohl notwendig sein, gegen diese konservative Gruppe außerparlamentarisch einen Weg zu suchen.

Dieser Weg bis zur besseren, vielleicht wahrhaften Demokratie ist schwierig. Der jetzige desolate Zustand ist durch die wenig artgerechte Situation der Politiker zementiert. Der Hund, der entscheiden darf wer die Wurst bekommt, wird auf dieses Entscheidungsrecht nicht freiwillig verzichten. **Im System der heutigen Demokratie ist daher schon integriert, dass sie entarten muss**. Die Richtung der gewünschten Verbesserungen ist klar. Eine hoffentlich friedliche Konfrontation mit den blockierenden Kräften wird notwendig sein. **Es gibt Organisationen, die einen positiven Einfluss haben und die Fehler bekämpfen, die von Politikern gemacht, begünstigt oder toleriert werden.** Dazu gehören die **GBS** (Giordano Bruno Stiftung), die **GWUP** (Gesellschaft zur wissenschaftlichen Untersuchung von Parawissenschaften e.V.), der **BdS** (Bund der Steuerzahler), der **BdV** (Bund der Versicherten) und viele mehr. Es gibt viele Einzelkämpfer wie den Musiker und Sänger **Konstantin Wecker** und den vom Vatikan bekämpften Theologen **Eugen Drewermann**, die ich hier nur stellvertretend erwähnen will. Ich hoffe, dass die nötigen Impulse für einen schnellen Fortschritt bald und in ausreichender Intensität gegeben werden. Nur so wäre es möglich, dass mittelfristig eine akzeptable Politik von akzeptablen Politikern gemacht werden kann und unsere „Demokratie" ihren Namen wirklich verdient. Im Prinzip halte ich den Spruch „Der Weg ist das Ziel" für wenig sinnvoll. Bei der Suche nach einem befriedigenden demokratischen System könnte er jedoch vielleicht tatsächlich helfen. Mit großer Wahrscheinlichkeit gibt es nicht „das eine" politische System, das „ideal" und damit in allen Details erstrebenswert ist. **Wie bei vielen anderen Dingen, wird es notwendig und effektiv sein, alle Bedingungen nach Möglichkeit zu optimieren, die die Entstehung eines gerechten demokratischen Staatsgebildes wahrscheinlich machen. Dazu gehört ein informiertes, politisch kompetentes Volk, effektive Rekrutierungs-, Einstellungs-, Bezahlungs-, Kontroll-, Bewertungs- und Entlassungskriterien für alle Politiker und entsprechende gesetzlich festgelegte und verwirklichte Durchführungsmöglichkeiten durch regierungsunabhängige Institutionen sowie Rahmenbedingungen, die bei politischen Entscheidungen immer beachtet werden**

sollten: etwas wie die „21 Gebote" für Politiker. Indikatoren für ein positives, demokratisches System wäre die Zufriedenheit einer überwiegenden Mehrheit der Bevölkerung, eine positive emotionale Beziehung des Einzelnen zum Ganzen, ohne das Gefühl, vom Staat ausgenutzt und übervorteilt zu werden, ohne die Befriedigung des Einzelnen, die Gemeinschaft ausgenutzt zu haben, Solidarität zu empfinden und zu praktizieren, anstatt sie als leere Worthülse zu missbrauchen. Staat und Bürger müssten sich anfreunden. Nützlich dabei könnte die Suche nach Prototypen bzw. Studienobjekten sein, die man auf der Suche nach der „besseren" Demokratie untersuchen und auswerten sollte. Interessant in diesem Zusammenhang sind z.B. die Struktur vieler japanischer Firmen und kleinere soziale Strukturen in Israel, die Kibbuzim. Es würde sich in jeder Hinsicht lohnen, Forschungsaufträge über dieses Thema zu initiieren. Die Umsetzung wird allerdings, wie schon mehrfach betont, nur gegen die Mehrheit der „Volksvertreter" möglich sein, die hier sicherlich eher die eigenen Interessen als die des Volkes vertreten.

Wahlprogramme sind weitgehend auswechselbar, ohne Garantie oder einfach **lächerlich** wie der Vorsatz von Steinbrück: „Als erstes, wenn ich die Wahl gewonnen habe, werde ich dafür sorgen, dass die **Strompreise sinken!"** Schon wenige Tage später, beim Rededuell mit Merkel wollte er sich auf nichts mehr festlegen, nicht einmal auf **stabile Strompreise.** Es gibt ja schließlich noch andere Fettnäpfchen. Eine Partei oder einen Politiker kann ich beim besten Willen nicht ausmachen, die ich gern an der Regierung hätte. **Bei der Bundestagswahl werde ich auf den Wahlzettel mit dickem Filzstift schreiben: „Schnauze voll".** Ich hoffe, es handeln möglichst viele Bürger wie ich. Vielleicht brächte das die Politiker zum Nachdenken. Auf direktem demokratischem Weg über die Wahl wird mit an Sicherheit grenzender Wahrscheinlichkeit kein erstrebenswertes Ziel erreicht werden können.

www.ingramcontent.com/pod-product-compliance
Lightning Source LLC
Chambersburg PA
CBHW051749250726
48659CB00001B/318